一看就懂的中小企业会计实操全图解

顶尖云财务◎著

北京理工大学出版社
BEIJING INSTITUTE OF TECHNOLOGY PRESS

图书在版编目（CIP）数据

一看就懂的中小企业会计实操全图解 / 顶尖云财务著 . —北京：北京理工大学出版社，2017.6（2019.6 重印）

ISBN 978-7-5682-3984-4

Ⅰ . ①一…　Ⅱ . ①顶…　Ⅲ . ①中小企业—会计—图解　Ⅳ . ① F276.3-64

中国版本图书馆 CIP 数据核字（2017）第 074306 号

出版发行 / 北京理工大学出版社有限责任公司
社　　址 / 北京市海淀区中关村南大街 5 号
邮　　编 / 100081
电　　话 /（010）68914775（总编室）
（010）82562903（教材售后服务热线）
（010）68948351（其他图书服务热线）
网　　址 / http：//www.bitpress.com.cn
经　　销 / 全国各地新华书店
印　　刷 / 北京市雅迪彩色印刷有限公司
开　　本 / 880 毫米 ×1230 毫米　1/32
印　　张 / 7.25
字　　数 / 105 千字
版　　次 / 2017 年 6 月第 1 版　2019 年 6 月第 2 次印刷
定　　价 / 31.80 元

责任编辑 / 武丽娟
文案编辑 / 武丽娟
责任校对 / 周瑞红
责任印制 / 李志强

前言

写此手册，是为财会从业人员，尤其是初级财务人员，提供一个学习基础会计知识及快速掌握会计核算的途径。

此手册根据企业会计准则及从业人员的知识经验，模拟部分会计业务情景，并编写了详细的会计分录，为会计基础薄弱的从业人员提供一个快速查找会计处理方法及快速解决实际业务操作中遇到的会计核算问题的途径。书中从基础的会计科目核算内容，到会计核算方法，到部分业务的涉税处理，再到可能遇到的公司开立、注销业务等问题，都做出了基本的业务处理指导。

手册中的部分模拟情景及会计核算方法，仅供参考，实际处理中要紧随新的财税法规做相应变通，请读者一定要关注财会准则变更和税法更新对具体业务处理的影响。

在此，诚挚地感谢在手册编写中给予指导的领导和编写过程中齐心协力的整个团队，感谢大家付出的时间和精力，感谢大家的专业精神和热忱工作。本手册会持续修订更新，期待能够不断地给读者提供业务方面的帮助。

序

《一看就懂的中小企业会计实操全图解》是由几个年轻的会计实务工作者立足于会计实务，适应企业会计实务工作需要而编撰的工具书。该书具有针对性强和操作性强两大特点。无论是对于初涉企业会计业务的财会工作者还是非财务工作者都适用，甚至对在校学习的财会审专业学生也是适用的。

该书对实际业务进行分类，然后对每一类业务所涉及的会计分录进行列示，抓住了会计记录的关键环节，便于读者迅速找到相应的分录示范。为了进一步说明会计分录涉及科目的核算内容，该书对会计科目的核算内容进行了详细的列示，此外，对实务中涉及的会计原始凭证的获取与审核进行了说明，这对于提高会计信息质量和规范业务行为至关重要，适合所有涉及企业经济业务的工作人员阅读。该书还对财务工作的交接、公司设立、公司注销等工作流程进行了梳理，便于实务工作者参照。

总之，由顶尖云财务青年会计工作者编写的这部手册结构设置合理，业务内容全面，具有良好的专业指导作用，是一部值得会计实务工作者学习参考的工具书。

首都经贸大学博士生导师　杨士忠

2016 年 12 月 16 日

董事长序

这个序写来有犹豫也有自豪，犹豫的是当时未来得及仔细阅读，担心理论不足、难免粗浅，因此迟迟未落笔；自豪的是我们自己的财务团队不仅有了创业的体验，还能够沉淀下来为我们培养后备人才、以老带新的工作做这样细致的实践指导手册。

虽然现在信息发达，学习渠道选择众多，但对新上手的财务人员来说，如何迅速熟悉业务进入工作角色，还是要经历一个长短不一的过程。

这就是本书出版的价值所在，其倾注了随着集团发展成长起来的年轻“老员工”们的一片心血和热情，也寄托着他们对后来“新成员”的期望与关怀，由衷地为我们财务团队的努力而喝彩！

董事长　王光

2016年12月22日

CONTENTS

目录

使用说明书

《一看就懂的中小企业会计实操全图解》是为下定决心、渴望掌握会计实操技术的人士所编写的一本操作指南。全书共6章，每章分为若干节，每节内再细化成若干小标题。为了让读者尽快掌握会计做账的各个环节，以最便捷的方式确保账目不出错，本书内容专业易懂，在编排上也尽可能地让每个部分一目了然。

大标题

每个篇章都有一些大标题，大标题揭示该篇要学习的知识。

前言引文

对将要学习的知识要点给予简明精要的说明，并对其重要性及其影响因素作说明。

小标题

对应章节内容，提出会计做账在该方面的一个知识要点。

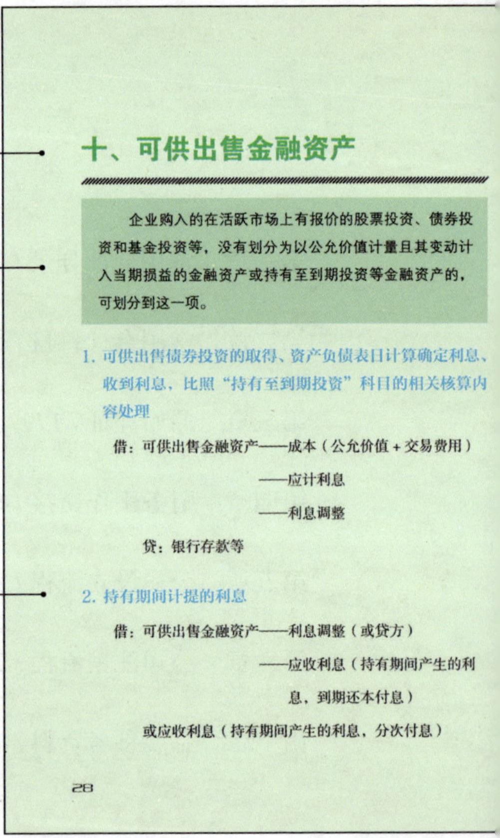

十、可供出售金融资产

企业购入的在活跃市场上有报价的股票投资、债券投资和基金投资等，没有划分为以公允价值计量且其变动计入当期损益的金融资产或持有至到期投资等金融资产的，可划分到这一项。

1. 可供出售债券投资的取得、资产负债表日计算确定利息、收到利息，比照“持有至到期投资”科目的相关核算内容处理

借：可供出售金融资产——成本（公允价值＋交易费用）

——应计利息

——利息调整

贷：银行存款等

2. 持有期间计提的利息

借：可供出售金融资产——利息调整（或贷方）

——应收利息（持有期间产生的利息，到期还本付息）

或应收利息（持有期间产生的利息，分次付息）

28

在阅读页面上，采用简单、清楚的学习界面，加上图解来辅助解释复杂的概念。此外，在行文中还有意味隽永的小常识板块，加深理解内容；再加上使人扩大知识面的图解，阅读这本书就成了一种享受。只要掌握这本书的内容，就能成为做账“达人”。

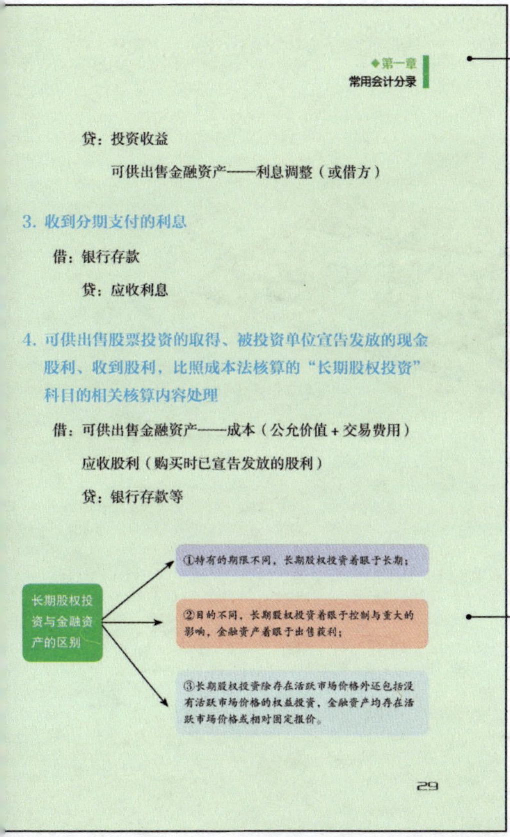

◆第一章
常用会计分录

贷：投资收益

可供出售金融资产——利息调整（或借方）

3. 收到分期支付的利息

借：银行存款

贷：应收利息

4. 可供出售股票投资的取得、被投资单位宣告发放的现金股利、收到股利，比照成本法核算的“长期股权投资”科目的相关核算内容处理

借：可供出售金融资产——成本（公允价值＋交易费用）

应收股利（购买时已宣告发放的股利）

贷：银行存款等

29

章名

概述会计实操所涉及的各方面内容，每章为一个相对独立的主题。

图解

将关键词以图表的形式排列出来，诠释该章节所叙述的内容，更直观地体现理论知识，并用箭头标明长期股权投资与金融资产的区别，便于读者的记忆和实际操作。

第一章　常用会计分录

会计分录由应借应贷方向、对应账户（科目）名称及应记金额三要素构成。

依据所涉及账户的多少，会计分录又分为简单会计分录和复合会计分录。其中，简单会计分录是指只涉及一个账户借方和另一个账户贷方的会计分录，即一借一贷的会计分录；复合会计分录是指由两个以上（不含两个）对应账户所组成的会计分录，即一借多贷、一贷多借或多借多贷的会计分录。本章将对常用会计分录进行详细解读。

一、现金 / 银行存款 / 其他货币资金

银行存款指企业存放在银行的货币资金。每个企业都要在银行开立账户，用来办理存款、取款，以及转账结算。其他货币资金指除了库存现金、银行存款以外的其他货币资金。

1. 收到现金、银行存款、其他货币资金

借：现金 / 银行存款 / 其他货币资金

贷：预收账款 / 应收账款 / 营业收入等

2. 支出现金、银行存款、其他货币资金

借：应付账款 / 在建工程等

贷：现金 / 银行存款 / 其他货币资金

3. 将款项汇往采购地开立采购专户

借：其他货币资金——外埠存款

贷：银行存款

4. 将款项存入银行以取得银行汇票、银行本票和信用卡

借：其他货币资金——银行汇票

——银行本票

——信用卡

贷：银行存款

5. 向银行开立信用证、交纳保证金

借：其他货币资金——信用证保证金

贷：银行存款

6. 向证券公司划出资金时

借：其他货币资金——存出投资款

贷：银行存款

7. 购买股票、债券等时

借：交易性金融资产等

贷：其他货币资金——存出投资款

8. 将外埠存款、银行汇票、银行本票存款的未用余额转回结算户

借：银行存款

　　贷：其他货币资金——外埠存款

　　　　　　　　　　——银行汇票

　　　　　　　　　　——银行本票

9. 按法定程序报经批准减少注册资本的，在实际发还股款或收购股票时

借：股本 / 实收资本 / 库存股等

　　贷：银行存款

10. 银行间转款

借：银行存款——甲银行

　　贷：银行存款——乙银行

11. 财产清查等发现的有待查明原因的现金短缺

借：待处理财产损溢

　　贷：现金

12. 财产清查等发现的有待查明原因的现金溢余

借：现金

　　贷：待处理财产损溢

13. 查明原因的现金短缺

A. 属于应由责任人赔偿的部分

借：其他应收款——应收现金短缺款——个人现金

　　贷：待处理财产损溢

B. 属于应由保险公司赔偿的部分

借：其他应收款——应收保险赔款

　　贷：待处理财产损溢

C. 属于无法查明的其他原因

借：管理费用——现金短缺

　　贷：待处理财产损溢

14. 查明原因的现金溢余

A. 属于应支付给有关人员和单位的

借：待处理财产损溢

贷：其他应付款——应付现金溢余——个人或单位

B. 属于无法查明的现金溢余

借：待处理财产损溢

贷：营业外收入——资产盘盈利得

注：其他货币资金主要核算银行汇票存款、银行本票存款、信用卡存款、信用证保证金存款、存出投资款、外埠存款等。

二、交易性金融资产

交易性金融资产这一会计科目的增加，主要是为了适应现在市场上的股票、债券、基金等投资交易。交易性金融资产与原来的短期投资类似，但又有所不同。

1. 企业取得交易性金融资产时

借：交易性金融资产——成本（公允价值、不含支付的价款中所包含的、已到付息期但尚未领取的利息或已宣告但尚未发放的现金股利）

投资收益（已发生的交易费用）

应收股利（已宣告发放但尚未发放的现金股利）

应收利息（已到付息期但尚未领取的利息）

贷：银行存款（实际支付的金额）

2. 持有交易性金融资产期间被投资单位宣告发放现金股利或资产负债表日按债券票面利率计算利息

借：应收股利

或应收利息

贷：投资收益

3. 收到现金股利或债券利息

借：银行存款

　　贷：应收股利

　　　　或应收利息

4. 资产负债表日，交易性金融资产的公允价值高于账面余额的差额

借：交易性金融资产——公允价值变动（公允价值高于账面余额的差额）

　　贷：公允价值变动损益

公允价值低于其账面余额的差额时，做相反分录

借：公允价值变动损益

　　贷：交易性金融资产——公允价值变动（公允价值低于账面余额的差额）

5. 出售交易性金融资产时，应按实际收到的金额

借：银行存款（实际收到的金额）

　　投资收益（处置损失）

交易性金融资产——公允价值变动（公允价值低于其账面余额的差额）

贷：交易性金融资产——成本

——公允价值变动（公允价值高于账面余额的差额）

投资收益（处置收益）

同时，按原记入“公允价值变动”科目的金额

借：公允价值变动损益（公允价值高于账面余额的差额）

贷：投资收益

或

借：投资收益

贷：公允价值变动损益（公允价值低于账面余额的差额）

【例】购入股票作为交易性金融资产

甲公司有关交易性金融资产交易情况如下：

①2015 年 11 月 5 日购入股票 100 万元，发生相关手续费、税金 0.3 万元，作为交易性金融资产：

借：交易性金融资产——成本　　　　1 000 000

　　投资收益　　　　3 000

　　贷：银行存款　　　　1 003 000

②2015 年年末，该股票收盘价为 109 万元：

借：交易性金融资产——公允价值变动　　　　90 000

　　贷：公允价值变动损益　　　　90 000

③2016 年 1 月 15 日处置，收到 110 万元：

借：银行存款　　　　1100 000

　　贷：交易性金融资产——成本　　　　1 000 000

　　　　　　　　　　——公允价值变动　　　　90 000

　　　　投资收益　　（1 100 000－1 090 000）10 000

三、应收票据

应收票据是指企业持有且尚未到期或未兑现的商业票据。在我国承兑汇票通常指银行承兑汇票和商业承兑汇票，银行承兑汇票由存款人出票银行承兑，商业承兑汇票是出票人签发由银行以外的付款人承兑。

1. 销售商品、产品、提供劳务收到的应收票据

借：应收票据

贷：主营业务收入

应交税费——应交增值税——销项税额

2. 以应收票据抵偿应收账款

借：应收票据

贷：应收账款

3. 带息应收票据计提利息

借：应收票据

贷：财务费用（票面价值 × 利率）

4. 企业持未到期的应收票据向银行贴现（不带息票据）

借：银行存款（扣除贴现息后的净额）

财务费用（贴现息）

贷：应收票据（或短期借款）

5. 公司持未到期的应收票据向银行贴现（带息票据）

借：银行存款（实际收的金额）

财务费用（实际收的金额小于账面余额的差额）

贷：应收票据（或短期借款）

财务费用（实际收的金额大于票据账面余额的差额）

6. 贴现的商业承兑汇票到期，承兑人的银行账户不足支付，公司收到银行退回票据、支款通知和拒绝付款理由书或付款人未付票款通知书时

借：应收账款（应收本息）

贷：银行存款

7. 贴现的商业承兑汇票到期，承兑人的银行账户不足支付时，如公司的银行存款账户不足支付，银行作逾期贷款

借：应收账款

贷：短期借款

8. 持有的应收票据背书转让，以取得所需物资

借：材料采购（或原材料、库存商品等计入物资成本的价值）

应交税费——应交增值税——进项税额

银行存款（物资成本与进项税额之和小于应收票据账面余额的差额）

贷：应收票据（账面余额）

银行存款（物资成本与进项税额之和大于应收票据的差额）

9. 应收票据到期，收回本息

借：银行存款（实际收到的金额）

贷：财务费用（未计提利息部分）

应收票据（账面余额）

因付款人无力支付票款，而收到银行退回的商业承兑汇票、委托收款凭证、未付票款通知书或拒绝付款证明等

借：应收账款

　　贷：应收票据

小贴士

应收票据备查簿

备查簿属于辅助性账簿，它可以为企业经营管理提供参考资料。企业应该设置应收票据备查簿，这样方便逐笔登记每一应收票据的种类、号码和出票日期、票面金额、票面利率、交易合同号和付款人、承兑人、背书人的姓名等相关资料。另外，应收票据到期结清票款或退票后，需要及时在备查簿内逐笔注销。

四、应收账款

应收账款是指企业在正常的经营过程中因销售商品、产品、提供劳务等业务，应向购买单位收取的款项，包括应由购买单位或接受劳务单位负担的税金、代购买方垫付的各种运杂费等。

1. 企业经营收入发生应收款项

借：应收账款

贷：主营业务收入

应交税费——应交增值税——销项税额

其他业务或收入

2. 代购货单位垫付的包装费、运杂费

借：应收账款

贷：银行存款等

3. 企业的应收账款改用商业汇票结算，在收到承兑的商业汇票时

借：应收票据

贷：应收账款

4. 企业收回应收账款时

借：银行存款

财务费用（发生的现金折扣）

贷：应收账款

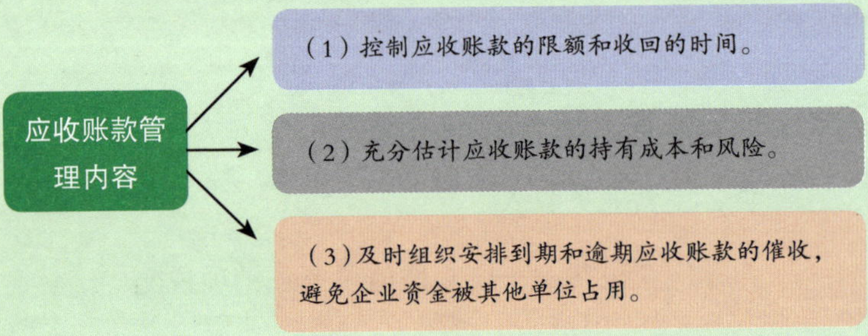

5. 企业与债务人进行债务重组，以低于应收账面价值的现金清偿债务

借：银行存款（实际收到的金额）

坏账准备

营业外支出——债务重组损失

贷：应收账款（账面余额）

6. 以债务转为资本的

借：交易性金融资产（公允价值）

长期股权投资等（公允价值）

可供出售金融资产（公允价值）

坏账准备

营业外支出——债务重组损失

贷：应收账款（应收债权的账面余额）

银行存款（支付的相关费用）

应交税费（应交的相关税金）

7. 以修改其他债务条件进行清偿的，未来应收金额小于应收债权账面价值的差额

借：应收账款（公允价值）

坏账准备

营业外支出——债务重组损失

贷：应收账款（应收债权的账面余额）

五、预付账款

预付账款是指企业按照合同预先支付出去的款项，也就是说，在采购的货物还没有收到之前，先支付给了供应商这笔货款。预付账款一般包括预付的货款、预付的货物定金。在日常核算中，预付账款应按实际付出的金额入账。

1. 提前支付采购款等

借：预付账款

贷：银行存款 / 其他货币资金等

2. 收到采购的材料等

借：存货 / 工程物资等

应交税费——应交增值税——进项税额

贷：预付账款

银行存款 / 应付账款等

预付账款常用的账务处理

〔例 1〕森达公司根据购货合同规定，通过银行转账预付给明阳公司定购材料款 9 000 元。分录如下：

借：预付账款——明阳公司　　9 000

　　贷：银行存款　　9 000

〔例 2〕向明阳公司定购的材料已经收到并验收入库，增值税专用发票列明材料价款（含运费）为 10 000 元、增值税额为 1 700 元，共计 11 700 元。分录如下：

借：原材料　　10 000

　　应交税费——应交增值税—进项税额　　1 700

　　贷：预付账款——明阳公司　　11 700

六、应收股利

应收股利是指企业因股权投资而应收取的现金股利以及应收其他单位的利润，包括企业股票实际支付的款项中所包括的已宣告发放但尚未领取的现金股利和企业对外投资应分得的现金股利或利润等，但不包括应收的股票股利。

1. 被投资方宣告发放股利

借：应收股利

　　贷：投资收益等

2. 收到股利

借：银行存款

　　贷：应收股利

七、应收利息

应收利息主要是指企业因债券投资而应收取的利息。包括购入债券的价款中已到付息期但尚未领取的债券利息，和分期付息到期还本的债券在持有期间产生的利息。不包括企业购入到期一次还本付息的长期债券应收取的利息。

1. 计提到期应收利息

借：应收利息

　　贷：投资收益 / 财务费用等

2. 收到支付的利息

借：银行存款

　　贷：应收利息

八、其他应收款

其他应收款是指企业除应收票据、应收账款、预付账款以外的其他各种应收、暂付款项。但是，企业拨出用来投资或购买物资的各种款项，不得通过“其他应收款”科目核算。

1. 支付给公司、客户、个人的非经营性往来款，要注意区分明细科目

借：其他应收款——公司间 / 个人等

贷：银行存款

2. 收到还款或清理借款

借：银行存款 / 销售费用等

贷：其他应收款

九、持有至到期投资

持有至到期投资具有到期日固定、回收金额固定或可确定，企业有明确意图和能力持有至到期等特征。

1. 企业取得的持有至到期投资

借：持有至到期投资——成本（公允价值，不含已到付息期但尚未领取的利息）

——应计利息（购买时尚未领取的利息，到期一次性收取利息）

——利息调整

应收利息（分期付息，已到付息期但尚未领取的利息）

贷：银行存款

持有至到期投资——利息调整（或借方）

2. 资产负债表日，未发生减值的持有至到期投资为分期付息、一次还本债券投资的，计算利息收入

借：应收利息（按票面利率计算确定的应收未收利息）

持有至到期投资——利息调整（或贷方）

贷：投资收益（持有至到期投资摊余成本和实际利率

计算确定的利息收入）

持有至到期投资——利息调整（或借方）

3. 资产负债表日，未发生减值的持有至到期投资为一次还本付息债券投资的，计算利息收入

借：持有至到期投资——应计利息（按票面利率计算确定

的应收未收利息）

——利息调整（或贷方）

贷：投资收益（持有至到期投资摊余成本和实际利率

计算确定的利息收入）

持有至到期投资——利息调整（或借方）

4. 资产负债表日，发生减值的计提减值准备

借：资产减值损失

贷：持有至到期投资减值准备

5. 收到分期付息、一次还本持有至到期投资持有期间支付的利息

借：银行存款

贷：应收利息

6. 出售或到期收回未发生减值债券本息

借：银行存款等

持有至到期投资减值准备

持有至到期投资——利息调整（或贷方）

投资收益（或贷方）

贷：持有至到期投资——成本

——应计利息（到期一次付息应收取的利息）

——利息调整（或借方）

应收利息（分期付息，应收取的利息）

投资收益（或借方）

7. 按照金融工具确认和计量规定将持有至到期投资重分类为可供出售金融资产的

借：可供出售金融资产——成本（公允价值）

其他综合收益（公允价值小于账面价值的金额）

贷：持有至到期投资——成本

——利息调整

——应计利息（到期一次付息计提的利息）

其他综合收益（公允价值大于账面价值的金额）

8. 按照金融工具确认和计量规定将可供出售金融资产重分类为采用成本或摊余成本计量的金融资产的，应在重分类日按其公允价值

借：持有至到期投资——成本（公允价值）

可供出售金融资产——公允价值变动（或贷方）

贷：可供出售金融资产——成本

——公允价值变动（或借方）

9. 出售或到期收回已发生减值债券本息

借：银行存款等

持有至到期投资减值准备

持有至到期投资——利息调整（或贷方）

减产减值损失

贷：持有至到期投资——成本

——应计利息

——利息调整（或借方）

应收利息

减产减值损失

10. 可转换公司债券转换为股份

借：长期股权投资——成本

现金

银行存款

持有至到期投资——可转换公司债券——利息调整（或贷方）

贷：持有至到期投资——可转换公司债券——成本

——可转换公司债券——利息调整（或借方）

——可转换公司债券——应计利息

十、可供出售金融资产

企业购入的在活跃市场上有报价的股票投资、债券投资和基金投资等，没有划分为以公允价值计量且其变动计入当期损益的金融资产或持有至到期投资等金融资产的，可划分到这一项。

1. 可供出售债券投资的取得、资产负债表日计算确定利息、收到利息，比照“持有至到期投资”科目的相关核算内容处理

借：可供出售金融资产——成本（公允价值＋交易费用）

——应计利息

——利息调整

贷：银行存款等

2. 持有期间计提的利息

借：可供出售金融资产——利息调整（或贷方）

——应收利息（持有期间产生的利息，到期还本付息）

或应收利息（持有期间产生的利息，分次付息）

贷：投资收益

可供出售金融资产——利息调整（或借方）

3. 收到分期支付的利息

借：银行存款

贷：应收利息

4. 可供出售股票投资的取得、被投资单位宣告发放的现金股利、收到股利，比照成本法核算的“长期股权投资”科目的相关核算内容处理

借：可供出售金融资产——成本（公允价值 + 交易费用）

应收股利（购买时已宣告发放的股利）

贷：银行存款等

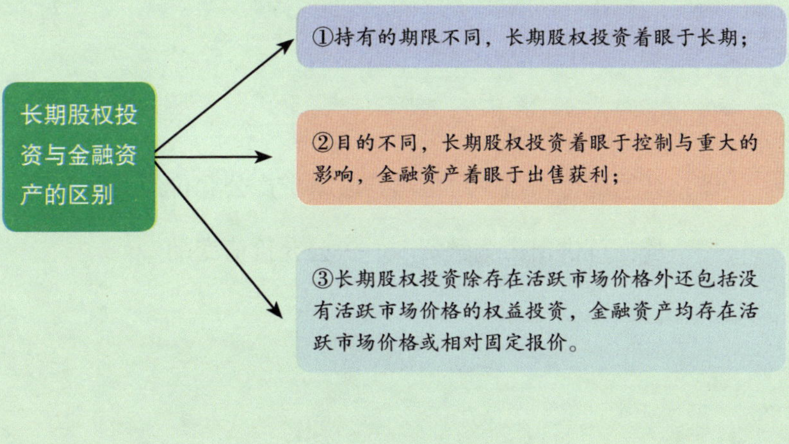

5. 宣告发放股利

借：应收股利

贷：投资收益

6. 收到股利

借：银行存款

贷：应收股利

7. 资产负债表日，可供出售金融资产的公允价值高于其账面余额（如可供出售金融资产为债券，即为其摊余成本）的差额

借：可供出售金融资产——公允价值变动

贷：其他综合收益（可供出售金融资产公允价值变动）

8. 资产负债表日，可供出售金融资产的公允价值低于其账面余额（如可供出售金融资产为债券，即为其摊余成本）的差额

借：其他综合收益（可供出售金融资产公允价值变动）

贷：可供出售金融资产——公允价值变动

9. 将可供出售金融资产重分类为采用成本或摊余成本计量的金融资产的，应在重分类日按可供出售金融资产的公允价值

借：持有至到期投资——成本（公允价值）

　　贷：可供出售金融资产——成本

　　　　　　　　　　　——利息调整

　　　　　　　　　　　——公允价值变动

　　　　　　　　　　　——应计利息等

10. 出售可供出售的金融资产

借：银行存款

　　其他综合收益（可供出售金融资产公允价值变动，或贷方）

　　投资收益（或贷方）

　　贷：可供出售的金融资产——成本

　　　　　　　　　　　　——公允价值变动

　　　　　　　　　　　　——利息调整

　　　　　　　　　　　　——应计利息

其他综合收益（可供出售金融资产公允价值变动，

或借方）

投资收益（或借方）

同时，结转原由于公允价值变动部分计入的其他综合收益

借：投资收益

贷：其他综合收益

或相反分录

十一、长期股权投资

长期股权投资是指通过投资取得被投资单位的股份。其基本特点包括长期持有、利险并存、不得随意出售、风险较大等。

1. 形成控股合并的长期股权投资，采用权益结合法

（1）形成同一控制下控股合并的长期股权投资

①合并方以支付现金、转让非现金资产或承担债务等方式作为合并对价

借：长期股权投资——成本（取得被合并方所有者权益在最终控制方合并财务报表中的账面价值的份额＋最终控制方收购被合并方形成的商誉）

贷：负债（承担债务账面价值）

资产（投出资产的账面价值）

资本公积——股本溢价/资本溢价（差额，可能在借方）

借：管理费用（审计、法务等中介机构费用及相关费用）

贷：银行存款

②合并方以发行权益性证券作为合并对价

借：长期股权投资——成本（取得被合并方所有者权益在最终控制方合并财务报表的账面价值的份额+最终控制方收购被合并方形成的商誉）

贷：股本（发行股票的数量 × 每股面值）

资本公积——股本溢价（差额）

借：资本公积——股本溢价（权益性证券发行费用）

贷：银行存款

注：被合并方在合并日账面净资产小于0，长投按0确定，在备查簿中登记；以上资本公积不够冲减的，按盈余公积、未分配利润顺序冲减；注意合并方与被合并方财务政策，如果不同，则按合并方政策调整后再确定投资成本。

③合并企业通过多次交换交易分步取得股权最终形成同一控制下控股合并

分录同①②

合并日初始投资成本 = 合并日相对于最终控制方而言被合并方所有者权益账面价值的份额 + 最终控制方收购被合并方形成的商誉

新增投资部分初始投资成本 = 合并日初始投资成本 – 原股权投资于合并日的账面价值

新增投资部分的初始投资成本与为取得新增部分投资所支付的对价账面价值的差额，调整资本公积、盈余公积、未分配利润；

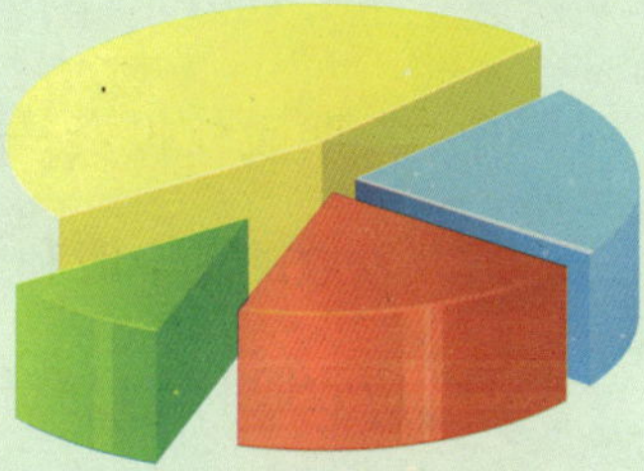

2016 年 9 月 30 日，甲公司向其母公司 A 公司发行 50 000 000 股普通股（每股面值 1 元，公允价值 5 元），取得了 A 公司拥有的对丁公司的 100% 股权。2016 年 9 月 30 日，B 公司在其母公司合并报表中净资产的账面价值为 200 000 000 元，不考虑其他因素影响。

甲公司在合并日确认对丁公司的长期股权投资：

借：长期股权投资——丁公司　　200 000 000

　　贷：股本　　50 000 000

　　　　资本公积——股本溢价　　150 000 000

（2）形成非同一控制下控股合并的长期股权投资，采用购买法

①一次交易实现的企业合并

A. 以货币资金作为合并对价的

借：长期股权投资——成本（合并成本，减已宣告但尚未发放的现金股利或利润）

　　应收股利（已宣告但尚未发放的现金股利或利润）

　　贷：银行存款（合并成本、支付的直接相关费用）

B. 以交易性金融资产作为合并对价的

借：长期股权投资——成本（合并成本，减已宣告但尚未发放的现金股利或利润）

　　应收股利（已宣告但尚未发放的现金股利或利润）

投资收益（或贷方）

贷：交易性金融资产

投资收益（或借方）

同时，结转由于公允价值变动计入的公允价值变动损益

借：公允价值变动损益

贷：投资收益

C. 以存货作为合并对价的

借：长期股权投资——成本（合并成本，减已宣告但尚未发放的现金股利或利润）

应收股利（已宣告但尚未发放的现金股利或利润）

贷：主营业务收入 / 其他业务收入

应交税费——应交增值税——销项税额

同时，结转存货成本

借：主营业务成本 / 其他业务成本

贷：库存商品 / 原材料等

D. 以持有至到期投资、可供出售金融资产、长期股权投资作为合并对价的

借：长期股权投资——成本（合并成本，减已宣告但尚未发放的现金股利或利润）

应收股利（已宣告但尚未发放的现金股利或利润）

持有至到期投资减值准备

可供出售金融资产减值准备

长期股权投资减值准备

投资收益——处置收益

贷：持有至到期投资

可供出售金融资产

长期股权投资

投资收益（或借方）

同时，按作为对价的可供出售金融资产的公允价值变动

借：其他综合收益（可供出售金融资产公允价值变动）

贷：投资收益

或相反分录

E. 以固定资产、无形资产等作为合并对价的

借：长期股权投资——成本（合并成本，减已宣告但尚未发放的现金股利或利润）

应收股利（已宣告但尚未发放的现金股利或利润）

累计折旧

累计摊销

固定资产减值准备

无形资产减值准备

营业外支出——非流动资产处置损失（或）

贷：固定资产

无形资产

银行存款（支付的直接相关费用）

营业外收入——非流动资产处置利得（或）

F. 以发行权益性证券方式作为支付对价的

借：长期股权投资——成本

资本公积——股本溢价（交易费用）

贷：股本

资本公积——股本溢价（发行价 × 股数减股本金额）

各种审计、法务等中介费用，计入当期损益

借：管理费用

贷：银行存款

G. 以发行债务性证券方式作为支付对价的

借：长期股权投资——成本

贷：应付债券——成本

——利息调整（交易费用）

各种审计、法务等中介费用，计入当期损益

借：管理费用

贷：银行存款

②企业通过多次交换交易分步实现非同一控制下控股合并

A. 原投资为长期股权投资

分录同以上

购买日长期股权投资初始投资成本 = 原始投资账面价值 + 新增股份公允价值

注：购买日之前因权益法核算形成的其他综合收益或资本公积暂不做处理，等最终处置时再进行处理；

B. 原投资为可供出售金融资产或交易性金融资产

购买日长期股权投资初始投资成本 = 原始投资公允价值 + 新增股份公允价值

注：原投资因公允价值变动形成的其他综合收益或者公允价值变动损益转入投资收益；

③不形成控股合并的长期股权投资

A. 以支付现金取得

借：长期股权投资——成本（实际支付价款，包含手续费）

　　贷：银行存款

B. 以发行权益性证券取得

借：长期股权投资——成本（权益性证券的公允价值）

贷：股本

资本公积——股本溢价

C. 以债务重组、非货币性资产交换取得，按照债务重组、非货币性资产交换相关规定处理

（3）长期股权投资采用成本法核算的后续计量

对子公司的投资采用成本法核算

①计提减值准备（计提后在持有期间不得转回）

借：资产减值损失

贷：长期股权投资减值准备

②被投资单位宣告发放的现金股利

借：应收股利（按持股比例计算享有的被投资单位宣告发放的现金股利或分配的利润）

贷：投资收益

（4）长期股权投资采用权益法核算的后续计量

①共同控制的合营企业、有重大影响的联营企业采用权益法后续计量科目设置

长期股权投资——成本（投资时点的投资成本）

——损益调整（持有期间被投资单位净损益及利润分配变动）

——其他综合收益（持有期间被投资单位其他综合收益变动）

——其他权益变动（持有期间被投资单位其他权益变动）

②长期股权投资初始投资成本＞投资时应享有被投资单位可辨认净资产公允价值的份额，不用调整长期股权投资初始成本

③长期股权投资初始投资成本＜投资时应享有被投资单位可辨认净资产公允价值的份额，按其差额调整长期股权投资初始成本

借：长期股权投资——成本

贷：营业外收入

④被投资单位实现净利润

借：长期股权投资——损益调整（应享有的被投资单位实

现的净收益的份额）

贷：投资收益

⑤被投资单位净损失

借：投资收益

贷：长期股权投资——损益调整（应承担的被投资单位实现的净损失的份额）

⑥被投资单位宣告发放现金股利或分配利润

借：应收股利

贷：长期股权投资——损益调整

⑦被投资单位其他综合收益变动

借：长期股权投资——其他综合收益

贷：其他综合收益

或相反分录

⑧被投资单位所有者权益的其他变动

借：长期股权投资——其他权益变动

贷：资本公积——其他资本公积

⑨计提减值

借：资产减值损失

贷：长期股权投资减值准备

（5）核算方法的转换

①长期股权投资自成本法转按权益法核算时

借：长期股权投资——成本（应享有被投资单位可辨认净资产公允价值份额）

长期股权投资减值准备（原账面余额）

贷：长期股权投资（原账面余额）

营业外收入（账面价值小于转换时占被投资单位可辨认净资产公允价值份额的差额）

②长期股权投资自权益法转按成本法核算时

借：长期股权投资

贷：长期股权投资——成本

——损益调整

——其他权益变动

（6）处置股权投资时

借：银行存款（实际取得的价款）

长期投资减值准备（已计提的减值准备）

投资收益（实际收到的金额小于账面价值和应收现金股利的差额）

贷：长期股权投资（账面余额）

投资收益（实际收到的金额大于账面价值和应收现金股利的差额）

应收股利（尚未领取的现金股利或利润）

小贴士

长期股权投资的范围

1. 企业持有的能够对被投资单位实施控制的权益性投资，即对子公司投资。

2. 企业持有的能够与其他合营方一同对被投资单位实施共同控制的权益性投资，即对合营企业投资。

3. 企业持有的能够对被投资单位施加重大影响的权益性投资，即对联营企业投资。

4. 企业对被投资单位不具有控制、共同控制或重大影响，且在活跃市场中没有报价、公允价值等不能可靠计量的权益性投资。

除上述情况以外，企业持有的其他权益性投资，应当按照《企业会计准则第22号——金融工具确认和计量》的规定处理。

十二、投资性房地产

投资性房地产是指为赚取租金或使资本增值，或两个目的兼而有之而持有的房地产。自用房地产和作为存货的房地产不属于投资性房地产。

1. 采用成本法模式计量的

（1）企业外购、自行建造等取得的投资性房地产

借：投资性房地产（应计入投资性房地产的成本）

　　贷：银行存款

　　　　在建工程

（2）将自用的建筑物、土地使用权等转换为投资性房地产

借：投资性房地产（转换日固定资产、无形资产的原价）

　　累计折旧 / 累计摊销

　　固定资产值准备

　　无形资产减值准备

　　贷：固定资产

　　　　无形资产

投资性房地产累计折旧及摊销（转换日固定资产、无形资产累计折旧或摊销）

投资性房地产减值准备（计提的减值准备）

（3）按月计提折旧或进行摊销

借：其他业务成本

贷：投资性房地产累计折旧或摊销

（4）取得的租金收入

借：银行存款

贷：其他业务收入

（5）将投资性房地产转为自用时

借：固定资产（转换日账面余额）

无形资产（转换日账面余额）

投资性房地产累计折旧或摊销

投资性房地产减值准备

贷：投资性房地产

累计折旧（转换日账面余额）

固定资产值准备（转换日账面余额）

累计摊销（转换日账面余额）

无形资产减值准备（转换日账面余额）

（6）处置投资性房地产时

借：银行存款（实际收到的金额）

贷：其他业务收入

同时

借：投资性房地产累计折旧或摊销（累计折旧或累计摊销）

投资性房地产减值准备（已计提的减值准备）

其他业务成本

贷：投资性房地产（账面余额）

投资性房地产的项目区分	
属于投资性房地产的项目	**不属于投资性房地产的项目**
1. 已出租的土地使用权； 2. 持有并准备增值后转让的土地使用权； 3. 已出租的建筑物。	1. 自用房地产，即为生产商品、提供劳务或者经营管理而持有的房地产（作为固定资产或无形资产进行核算）； 2. 作为存货的房地产。

2. 采用公允价值模式计量的

（1）企业外购、自行建造等取得的投资性房地产

借：投资性房地产——成本（应计入投资性房地产成本）

贷：银行存款

在建工程

（2）将自用的建筑物、土地使用权等转换为投资性房地产

借：投资性房地产——成本（转换日的公允价值）

公允价值变动损益（公允价值低于账面价值的差额）

累计折旧 / 累计摊销

固定资产减值准备

无形资产减值准备

贷：固定资产

无形资产

其他综合收益（公允价值高于账面价值的差额）

（3）资产负债表日，投资性房地产的公允价值高于账面余额的差额

借：投资性房地产——公允价值变动

　　贷：公允价值变动损益

公允价值低于账面余额的差额则做相反的会计分录

（4）取得的租金收入

借：银行存款

　　贷：其他业务收入

（5）将投资性房地产转为自用时

借：固定资产（转换日公允价值）

　　公允价值变动损益（公允价值低于账面价值的差额）

　　贷：投资性房地产——成本

　　　　　　　　　——公允价值变动

　　　　公允价值变动损益（公允价值高于账面价值的差额）

（6）处置投资性房地产时

借：银行存款（实际收到的金额）

贷：其他业务收入

借：其他业务成本

贷：投资性房地产——成本

——公允价值变动

同时，按该项投资性房地产的公允价值变动

借：公允价值变动损益

贷：其他业务收入

或相反分录

按该项投资性房地产在转换日记入资本公积的金额

借：其他综合收益（转换投资性房地产公允价值差额）

贷：其他业务成本

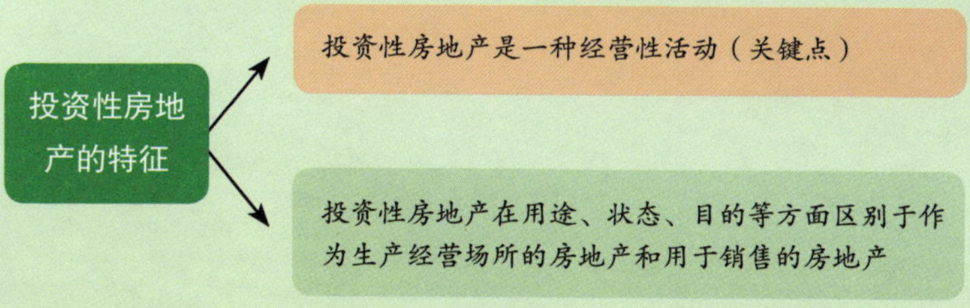

3. 成本计量模式转为公允价值计量模式

借：投资性房地产——成本（变更日公允价值）

投资性房地产累计折旧（摊销）（原投资性房地产已计提的折旧或摊销）

投资性房地产减值准备

贷：投资性房地产（原值）

盈余公积（或借记）

利润分配——未分配利润（或借记）

注：成本模式计量的可以改为公允价值模式计量，但公允价值模式计量的，则不得改为成本模式计量。

十三、贷款

贷款是银行或其他金融机构按一定利率和必须归还等条件出借货币资金的一种信用活动形式。广义的贷款指贷款、贴现、透支等出贷资金的总称。

1. 发放贷款、委托贷款

借：贷款——委托贷款

　　贷：银行存款

2. 支付银行委托贷款手续费

借：财务费用

　　贷：银行存款

3. 按月计提利息

借：应收利息

　　贷：利息收入

4. 收回发放的贷款和利息

借：银行存款

　　贷：应收利息

　　　　贷款——委托贷款

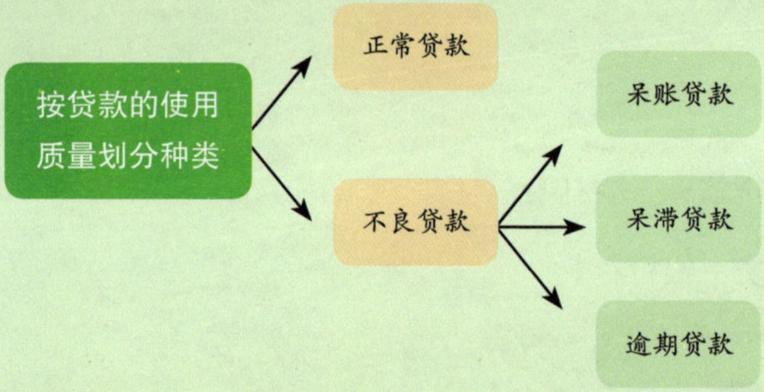

十四、固定资产

固定资产是指企业为生产产品、提供劳务、出租或者经营管理而持有的、使用时间超过 12 个月的，价值达到一定标准或性质非常重要的非货币性资产，包括房屋、建筑物、机器、机械、运输工具以及其他与生产经营活动有关的设备、器具、工具等，是企业的主要资产之一。

1. 购入不需要安装的固定资产按实际支付的价款（包括买价、支付的包装费、运输费等）

借：固定资产

应交税费——应交增值税——进项税额

贷：银行存款

2. 购入需要安装的固定资产

（1）按实际支付的价款（包括买价、支付的包装费、运输费等）

借：在建工程

贷：银行存款

（2）发生的安装等费用

借：在建工程

贷：银行存款

预付账款等

（3）安装完毕结转在建工程，按实际支付的价款和安装成本

借：固定资产

贷：在建工程

3. 自行建造的固定资产

（1）自营工程领用的工程物资

借：在建工程

贷：原材料、工程物资等

（2）自营工程领用本单位的商品产品

借：在建工程

贷：库存商品

应交税费——应交增值税——销项税额

（3）自营工程发生的其他费用

借：在建工程

贷：银行存款

应付职工薪酬等

（4）固定资产购建完工，达到预定可使用状态，按实际发生的全部支出记账

借：固定资产

贷：在建工程

4. 投资者投入的固定资产，按投资各方确认的价值

借：固定资产

贷：股本 / 实收资本

资本公积——资本（或股本）溢价

5. 融资租入固定资产

借：固定资产——融资租入固定资产（租赁开始日租赁资产公允价值与最低租赁付款额现值两者中较低者，加上初始直接费用）

未确认融资费用

贷：长期应付款——应付融资租赁款（最低租赁付款额）

银行存款

按期分摊未确认融资费用

借：财务费用

贷：未确认融资费用

6. 接受捐赠的固定资产

借：固定资产（确定的入账价值）

贷：营业外收入

银行存款等（应支付的相关税费）

7. 盘盈的固定资产

借：固定资产（同类或类似固定资产的市场价格减去按该项资产的新旧程度估计的价值损耗后的余额）

贷：待处理财产损溢

盘盈的固定资产，属于前期差错造成的，按前期差错更正的相关规定处理，通过“以前年度损益调整”科目核算。

8. 以非货币性交易换入的固定资产，具有商业实质且换入资产或换出资产的公允价值能够可靠地计量的

（1）以交易性金融资产换入固定资产

借：固定资产（换出资产的公允价值加应支付的相关税费）

投资收益（交易性金融资产公允价值小于账面价值的差额）

贷：交易性金融资产（账面价值）

银行存款

投资收益（交易性金融资产公允价值大于账面价值的差额）

（2）以产成品、库存商品换入固定资产

借：固定资产（换出资产的公允价值）

贷：主营业务收入（公允价值）

其他业务收入（公允价值）

银行存款（支付的相关费用）

同时，结转成本

借：主营业务收入 / 其他业务收入

应交税费——应交增值税——销项税额

银行存款（支付的相关费用）

贷：库存商品

原材料

（3）以固定资产换入固定资产

借：固定资产清理（固定资产账面净值）

累计折旧（已提折旧）

固定资产减值准备（已计提的减值准备）

银行存款等

贷：固定资产（账面原价）

借：固定资产（换出固定资产的公允价值）

贷：固定资产清理

按转出固定资产的公允价值大于账面价值的差额

借：固定资产清理

贷：营业外收入

按转出固定资产的公允价值小于账面价值的差额

借：营业外支出

贷：固定资产清理

（4）以无形资产换入固定资产

借：固定资产（换出无形资产的公允价值加应支付的相关税费）

无形资产减值准备

累计摊销

营业外支出（无形资产的公允价值小于账面价值的差额）

贷：无形资产（账面余额）

银行存款（支付的相关费用）

营业外收入（无形资产的公允价值大于账面价值的差额）

（5）以长期股权投资、持有至到期投资、可供出售金融资产换入固定资产

借：固定资产（换出资产的公允价值加应支付的相关税费）

长期投资减值准备

持有至到期投资减值准备

可供出售金融资产减值准备

投资收益（换出资产的公允价值小于账面价值的差额）

贷：长期股权投资（账面余额）

持有至到期投资（账面余额）

可供出售金融资产（账面余额）

银行存款（支付的相关费用）

投资收益（换出资产的公允价值大于账面价值的差额）

注：非货币性交换换入的固定资产涉及补价的，收到补价的企业，以换出资产公允价值加应支付的相关税费减去补价后的余额作为换入资产的成本；支付补价的企业，以换出资产的公允价值加应支付的相关税费和补价作为换入资产的成本。

9. 以非货币性交易换入的固定资产，不具有商业实质或换入、换出资产的公允价值不能够可靠地计量的

（1）以固定资产换入固定资产

借：固定资产清理（固定资产账面净值）

累计折旧（已提的折旧）

固定资产减值准备

贷：固定资产（换出固定资产账面原价）

借：固定资产（“固定资产清理”科目的余额）

贷：固定资产清理

（2）以无形资产换入固定资产

借：固定资产（换出资产的账面价值加应支付的相关税费）

无形资产减值准备（换出无形资产已计提的减值准备）

贷：无形资产（账面余额）

银行存款（支付的相关费用）

（3）以长期股权投资、持有至到期投资换入固定资产

借：固定资产（换出资产的账面价值加应支付的相关税费）

长期股权投资减值准备（换出长期股权投资已计提的减值准备）

持有至到期投资减值准备（换出持有至到期投资已计提的减值准备）

贷：长期股权投资（账面余额）

持有至到期投资（账面余额）

银行存款（支付的相关费用）

涉及补价的，同时进行相应处理。

10. 开发新产品、新技术而购置的单台设备在规定的价值以下的固定资产，按规定一次计入研究开发费用

借：固定资产

贷：银行存款

一次计入费用时

借：研发支出

贷：累计折旧

11. 按月计提固定资产折旧

借：营业费用

管理费用

其他业务成本

贷：累计折旧

固定资产减值

12. 固定资产发生减值（计提后不得转回）

借：资产减值损失

贷：固定资产减值准备

13. 捐赠转出固定资产

借：固定资产清理（固定资产账面价值）

累计折旧（已提折旧）

固定资产减值准备（已计提的减值准备）

贷：固定资产（账面原价）

银行存款等

借：营业外支出

贷：固定资产清理

14. 出售、报废和毁损的固定资产转入清理

借：固定资产清理（固定资产账面价值）

累计折旧（已提折旧）

固定资产减值准备（已计提的减值准备）

贷：固定资产（账面原价）

小贴士

固定资产计算折旧的最低年限

《中华人民共和国企业所得税法实施条例》第六十条规定：除国务院财政、税务主管部门另有规定外，固定资产计算折旧的最低年限如下：

（一）房屋、建筑物，为 20 年；

（二）飞机、火车、轮船、机器、机械和其他生产设备，为 10 年；

（三）与生产经营活动有关的器具、工具、家具等，为 5 年；

（四）飞机、火车、轮船以外的运输工具（汽车），为 4 年；

（五）电子设备，为 3 年。

注：有其他特殊法规政策的，从特殊规定。

15. 清理过程中发生的费用以及应交的税金

借：固定资产清理

贷：银行存款

应交税费——应交增值税——销项税额

16. 收回出售固定资产的价款、残料价值和变价收入等

借：银行存款

原材料

贷：固定资产清理

17. 应由保险公司或过失赔偿的损失

借：其他应收款

贷：固定资产清理

18. 属于生产经营期间由于自然灾害等非正常原因造成的损失

借：营业外支出

贷：固定资产清理

19. 固定资产清理后的净损失

借：营业外支出——处理非流动资产损失

贷：固定资产清理

20、固定资产清理后的净收益

借：固定资产清理

贷：营业外收入——处理非流动资产利得

21. 盘盈的固定资产

借：固定资产（同类或类似固定资产的市场价格减去该项资产的新旧程度估计的价值损耗后的余额）

贷：待处理财产损溢

22. 转销固定资产盘盈

借：待处理财产损溢

贷：营业外收入——资产盘盈利得

注：注意所涉及固定资产处理时税务政策的要求。

十五、无形资产

无形资产是指企业拥有或控制的没有实物形态可辨认的非货币性资产，主要包括专利权、非专利技术、商标权、著作权、土地使用权、特许权等。

1. 购入的无形资产，按实际支付的价款

借：无形资产

应交税费——应交增值税——进项税额

贷：银行存款等

2. 投资者投资转入的无形资产，按投资各方确认的价值

借：无形资产

贷：股本 / 实收资本

3. 债务重组方式取得的无形资产，或以应收换入的无形资产

借：无形资产（公允价值）

应交税费——应交增值税——进项税额

坏账准备（已计提的坏账准备）

营业外支出——债务重组损失

贷：应收账款/其他应收款（账面余额）

银行存款（支付的相关费用）

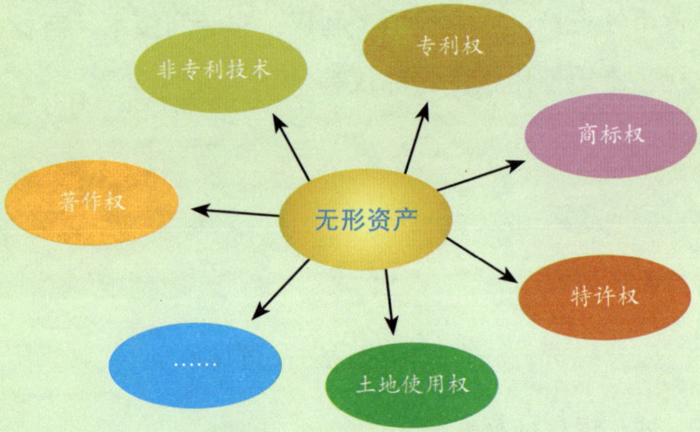

4. 接受捐赠的无形资产

借：无形资产（实际成本）

应交税费——应交增值税——进项税额

贷：营业外收入

银行存款（支付的相关费用）

5. 自行开发转入的无形资产

借：无形资产

贷：开发支出

6. 企业购入的土地使用权，或以支付土地出让金方式取得的土地使用权

借：无形资产（实际支付的价款）

　　贷：银行存款等

7. 出售无形资产，按实际取得的转让收入

借：银行存款等（实际取得的转让收入）

　　累计摊销（已计提的累计摊销）

　　无形资产减值准备（已计提的减值准备）

　　营业外支出

　　贷：无形资产（账面余额）

　　　　银行存款（支付的相关费用）

　　　　应交税费——应交增值税——进项税额

　　　　营业外收入

8. 出租无形资产，按取得的租金收入

借：银行存款等

　　贷：其他业务收入

9. 结转出租无形资产的成本

借：其他业务成本

贷：累计摊销

10. 无形资产的摊销

借：销售费用

管理费用

研发费用

贷：累计摊销

11. 无形资产发生减值，计提减值准备（计提后不得转回）

借：资产减值损失

贷：无形资产减值准备

十六、长期待摊费用

长期待摊费用主要用于核算企业已经支出，但摊销期限在 1 年以上（不含 1 年）的各项费用。包括固定资产修理支出、租入固定资产的改良支出以及摊销期限在 1 年以上的其他待摊费用。

1. 企业发生的长期待摊费用

借：长期待摊费用

贷：有关科目

2. 摊销长期待摊费用

借：制造费用

销售费用

管理费用

贷：长期待摊费用

十七、递延所得税资产 / 负债

资产负债表日，企业应当按照暂时性差异和适用所得税税率计算的结果，确认递延所得税资产、递延所得税负债以及相应的递延所得税费用（或收益）。

1. 递延所得税资产、负债的产生

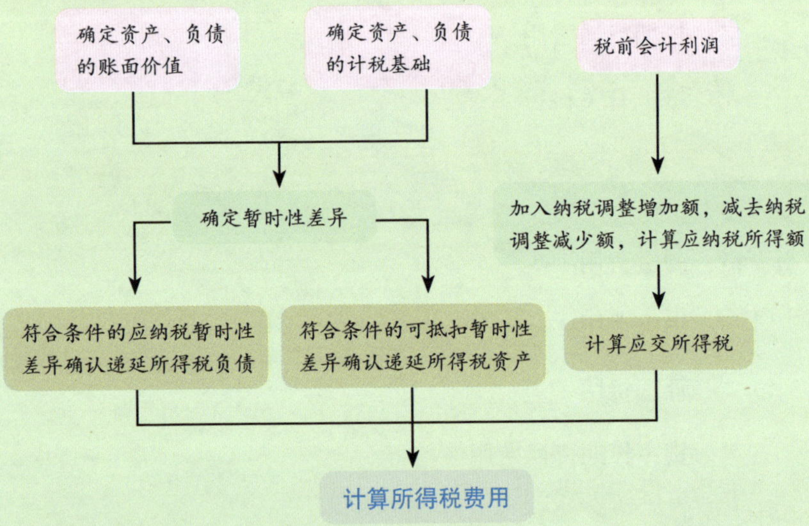

2. 递延所得税资产、负债的计量

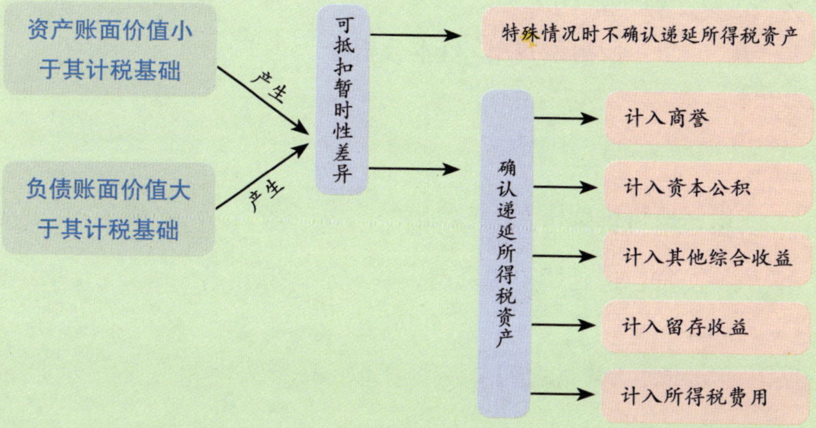

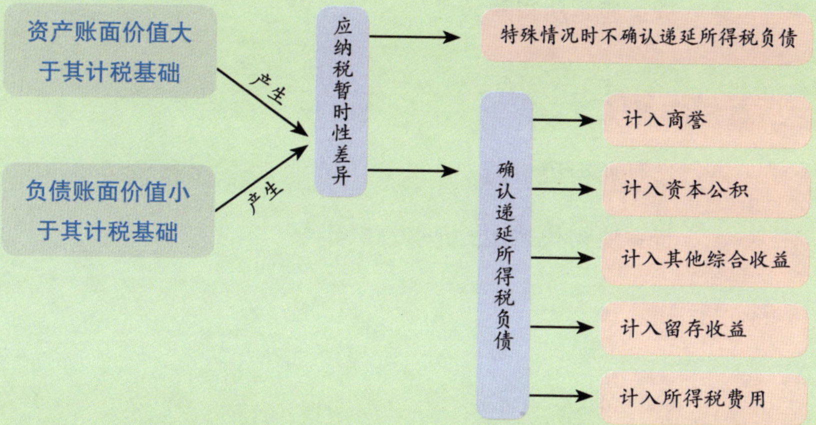

3. 确认递延所得税资产

借：递延所得税资产

贷：所得税费用 / 资本公积等

4. 冲减递延所得税资产

借：所得税费用 / 资本公积等

贷：递延所得税资产

5. 确认递延所得税负债

借：所得税费用 / 资本公积等

贷：递延所得税负债

6. 冲减递延所得税负债

借：递延所得税负债

贷：所得税费用 / 资本公积等

十八、待处理财产损溢

企业在清查财产过程中查明的各种财产盘盈、盘亏和毁损的价值，应通过待处理财产损溢科目核算。待处理财产损溢属于资产类科目。

1. 盘盈的各种材料、库存商品、固定资产等

借：原材料

库存商品

固定资产

贷：待处理财产损溢

2. 管理原因造成的资产盘盈

借：待处理财产损溢

贷：管理费用

3. 非正常原因造成的资产盘盈

借：待处理财产损溢

贷：营业外收入

4. 盘亏、毁损的各种材料、库存商品等

借：待处理财产损溢

　　累计折旧

　　贷：原材料

　　　　库存商品

　　　　固定资产

　　　　应交税费——应交增值税——进项税额转出

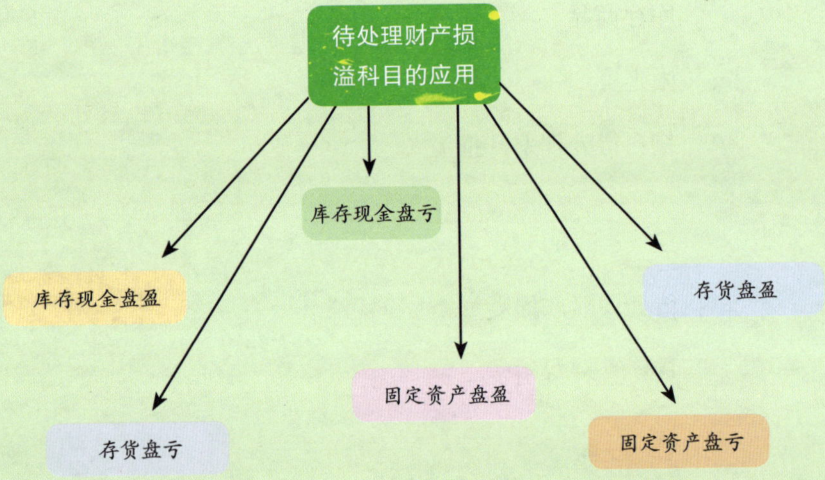

5. 资产盘亏、毁损的，应先扣除残料价值、可以收回的保险赔偿和过失人的赔偿

借：原材料

其他应收款

贷：待处理财产损溢

6. 剩余净损失，属于非正常损失部分

借：营业外支出

贷：待处理财产损溢

7. 属于一般经营损失部分

借：管理费用

贷：待处理财产损溢

十九、短期借款

企业为了生产经营周转而借入的、期限在一年以内的各种款项属于短期借款。短期借款的目的一般都是弥补企业自有流动资金的不足，属于企业流动负债。因此，短期借款利息应作为财务费用处理。

1. 收到短期贷款

借：银行存款

　　贷：短期借款

2. 支付借款利息

借：财务费用——利息支出

　　贷：银行存款

3. 偿还短期借款

借：短期借款

　　贷：银行存款

二十、应付票据

在我国，商业汇票的付款期限最长为6个月，因此，应付票据即为短期应付票据。应付票据包括商业承兑汇票和银行承兑汇票。按是否带息又分为带息应付票据和不带息应付票据。

1. 公司开出、承兑的商业汇票或以承兑商业汇票抵付货款、应付账款

借：存货等

应付账款

应交税费——应交增值税——进项税额

贷：应付票据

2. 支付银行承兑汇票手续费

借：财务费用

贷：银行存款

3. 银行支付到期票据的付款通知

借：应付票据

　　贷：银行存款

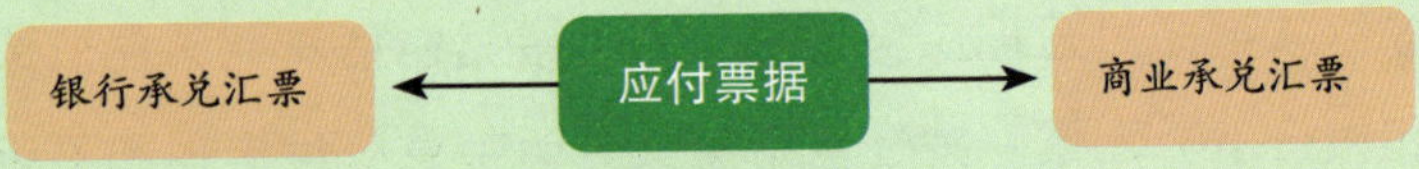

4. 期末计算带息票据的应付利息

借：财务费用

　　贷：应付票据

5. 票据到期支付利息

借：应付票据（账面余额）

　　财务费用（应计利息）

　　贷：银行存款（实际支付的金额）

6. 应付票据到期，如公司无力支付

借：应付票据（账面余额）

　　贷：应付账款（或短期借款）

二十一、应付账款

应付账款属于负债类科目。一般用于核算企业因购买材料、商品和接受劳务供应等经营活动应支付的款项。

1. 购入材料、商品等验收入库，货款尚未支付，应根据有关凭证（发票账单、随货物同行发票上记载的实际价款或暂估价值）

借：材料采购

　　库存商品等

　　应交税费——应交增值税——进项税额

　　贷：应付账款

2. 接受供应单位提供劳务而发生的应付未付款项，应根据供应单位的发票账单

借：生产成本等

　　销售费用

　　管理费用

　　贷：应付账款

3. 偿付应付账款

借：应付账款

　　贷：银行存款等

4. 企业开出、承兑商业汇票抵付应付账款

借：应付账款

　　贷：应付票据

5. 企业与债权人进行债务重组，以低于应付债务账面价值的现金清偿债务

借：应付账款（应付债务的账面余额）

　　贷：银行存款

　　　　营业外收入——债务重组利得

二十二、预收账款

预收账款一般包括预收的货款、预收购货定金等。预收账款的期限一般不超过 1 年。

1. 收到客户预付货款、服务款等

借：银行存款

贷：预收账款

2. 付出货物、提供服务

借：预付账款

应付账款

贷：主营业务收入

应交税费——应交增值税——销项税额

3. 预收账款、应收账款重分类

借：预收账款

贷：应收账款

二十三、应付职工薪酬

职工薪酬指企业为获得职工提供的服务而给予职工的各种形式的报酬以及其他相关支出。应付职工薪酬属于负债类科目。

1. 计提工资、社保公积金（公司部分）

借：管理费用——工资（工资表应发数）

——社会保险——养老保险（工资表中公司承担的养老保险）

——医疗保险（工资表中公司承担的医疗保险）

——失业保险（工资表中公司承担的失业保险）

——生育保险（工资表中公司承担的生育保险）

——工伤保险（工资表中公司承担的工伤保险）

——公积金（工资表中公司承担的公积金）

贷：应付职工薪酬——工资（工资表应发数）

——社会保险——养老保险（工资表中公司承担的养老保险）
——医疗保险（工资表中公司承担的医疗保险）
——失业保险（工资表中公司承担的失业保险）
——生育保险（工资表中公司承担的生育保险）
——工伤保险（工资表中公司承担的工伤保险）
——公积金（工资表中公司承担的公积金）

2. 计提个人所得税

借：应付职工薪酬——工资

贷：应交税费——个人所得税（工资表中当期应该计提的个人所得税）

3. 社保公积金个人部分

借：应付职工薪酬——工资

贷：其他应付款——社会保险——养老保险（工资表中个人承担的养老保险）

——医疗保险（工资表中个人承担的医疗保险）

——失业保险（工资表中个人承担的失业保险）

——公积金（工资表中个人承担的公积金）

4. 缴纳个人所得税

借：应交税费——个人所得税

贷：银行存款

5. 缴纳社保公积金

借：应付职工薪酬——社会保险——养老保险（工资表中公司承担的养老保险）

——医疗保险（工资表中

公司承担的医疗保险）

——失业保险（工资表中

公司承担的失业保险）

——生育保险（工资表中

公司承担的生育保险）

——工伤保险（工资表中

公司承担的工伤保险）

——公积金（工资表中公司承担的公积金）

其他应付款——社会保险——养老保险（工资表中个

人承担的养老保险）

——医疗保险（工资表中个

人承担的医疗保险）

——失业保险（工资表中个

人承担的失业保险）

——公积金（工资表中个人承担的公积金）

管理费用——人员管理费（代缴社保的服务费）

贷：银行存款

二十四、应交税费

应交税费是指企业根据在一定时期内取得的营业收入、实现的利润等，按照现行税法的规定，采用一定的计税方法计提应交纳的各种税费。

1. 增值税

一级科目	二级科目	三级科目	核算内容
应交税费	应交增值税	进项税额	准予从当期销项税额抵扣、退回采购/服务的进项税额（红字）
		已交税金	当月已经实际缴纳的当月应当缴纳的增值税、退回本月多交增值税（红字）
		转出未交增值税	月终转出的应交未交增值税额
		减免税款	按现行增值税制度准予减免的增值税额
		出口抵减内销产品应纳税额	按规定退税率计算的出口货物的进项税额抵减内销产品的应纳税额
		销项税额抵减	按现行增值税制度规定因扣减销售额而减少的销项税额
		销项税额	当期销售货物、服务、无形资产等的销项税额、销售退回部分的销项税额（红字）
		出口退税	因出口货物、服务等按规定退回的增值税额
		进项税额转出	进项税额转出——记录发生非正常损失以及其他原因而不应从销项税额中抵扣，按规定转出的进项税额

续表

一级科目	二级科目	三级科目	核算内容
		转出多交增值税	月终转出本月多交的增值税额
	未交增值税		应交增值税月终转入的多交增值税、预缴增值税转入的已交增值税额、当月缴纳的以前期间未缴纳的增值税额应交增值税、月终转入的当月应交未交增值税
			期末借方余额反映多交的增值税、贷方余额反映未交的增值税
	待抵扣进项税额		核算已取得增值税扣税凭证并经税务机关认证，按现行增值税制度规定准予以后期间从销项税额中抵扣的进项税额
	增值税留抵税额		核算兼有销售服务、无形资产或不动产的原增值税一般纳税人，截止到纳入营改增试点之日前的增值税期末留抵税额按照现行增值税制度规定不得从销售服务、无形资产或不动产的销项税额中抵扣的增值税留抵税额
	预缴增值税		核算转让不动产、提供不动产经营租赁服务、提供建筑服务、采用预收款方式销售自行开发的房地产项目等，以及其他按现行增值税制度规定应预交的增值税额
	待认证进项税额		核算由于未经税务机关认证而不得从当期销项税额中抵扣的进项税额
	待转销项税额		核算销售货物、服务、无形资产等，已确认相关收入（或利得）但尚未发生增值税纳税义务而需要以后期间确认为销项税额的增值税额
	简易计税		用于适用简易计税方法发生的增值税计提、扣减、预缴、缴纳等的核算
	转让金融商品应交增值税		核算转让金融商品发生的增值税额
	代扣代交增值税		核算购进在境内未设经营机构的境外单位或个人在境内的应税行为代扣代缴的增值税

（1）取得增值税专用发票，且当月已认证可抵扣（不动产业务除外）：

借：存货 / 固定资产等

　　应交税费——应交增值税——进项税额

　　贷：银行存款 / 应付账款等

（2）取得增值税专用发票，当月未认证不能抵扣的：

借：原材料等

　　应交税费——待认证进项税额

　　贷：应付账款等

（3）未取得扣税凭证、已取得但尚未认证、已取得但未经税务机关认证通过，月末暂估入账存货等，税务部分不做暂估；下月出红字冲销该暂估入账，取得专票后再按可抵扣金额入账：

借：存货 / 固定资产等

　　应交税费——应交增值税——进项税额

　　贷：银行存款 / 应付账款等

（4）购进不动产或不动产在建工程进项税额分年抵扣（政策允许）：

A.2016 年 5 月 1 日后取得并按固定资产核算的不动产，或者 2016 年 5 月 1 日取得的不动产在建工程，按规定可在取得之日起分 2 年从销项税额中抵扣：

借：固定资产 / 在建工程等

应交税费——应交增值税——进项税额（当期可抵扣的进项税额）

应交税费——待抵扣进项税额（以后期间可抵扣的进项税额）

贷：银行存款 / 应付账款等

B. 以后期间抵扣以前留抵的未抵扣部分时：

借：应交税费——应交增值税——进项税额

贷：应交税费——待抵扣进项税额

（5）发生销售或视同销售业务，且纳税义务发生时：

A. 按一般计税方法计税：

借：应收账款等

贷：主营业务收入

应交税费——应交增值税——销项税额

B. 使用简易计税方法：

借：应收账款等

贷：主营业务收入

应交税费——简易计税

C. 小规模纳税人：

借：应收账款等

贷：主营业务收入

应交税费——应交增值税

（6）收入确认先于纳税义务发生（价税分离确认）时：

A. 确认相关销项税额：

借：应收账款

贷：应交税费——待转销项税额

B. 该纳税义务实际发生时：

借：应交税费——待转销项税额

贷：应交税费——应交增值税——销项税额

C. 简易计税的：

借：应交税费——待转销项税额

贷：应交税费——简易计税

（7）营改增前确认收入而未发生营业税、纳税义务未计提营业税的，在全面营改增后纳税义务发生时，确认缴纳增值税，并冲减相应数额已确认收入：

借：主营业务收入

贷：应交税费——应交增值税——销项税额

（8）营改增前确认收入而发生营业税、纳税义务已计提营业税但尚未缴纳的，在全面营改增后确认缴纳增值税，并冲减相应数额已确认收入：

A. 冲减原来已经计提的营业税及附加税：

借：应交税费——应交营业税

——应交城市维护建设费

——应交教育费附加

——应交地方教育费附加

贷：主营业务收入

B. 根据调整后的主营业务收入确定增值税：

借：主营业务收入

贷：应交税费——待转销项税额（调整后主营业务收入 × 相应税率）

（9）销项增值税专票退回

A. 原增值税发票已认证，根据税务机关开具的红字增值税专用发票做相反分录：

借：主营业务收入

应交税费——应交增值税——销项税额

贷：应收账款

B. 销项增值税专票退回，原增值税发票未认证，发票退回做相反分录：

借：主营业务收入

应交税费——应交增值税——销项税额

贷：应收账款

（10）差额征税：

A. 发生的允许抵扣的成本：

借：主营业务成本（实际支付金额）

贷：银行存款 / 应付账款等

B. 差额征税，待取得合规增值税扣税凭证且纳税义务发生时：

借：应交税费——应交增值税——销项税额抵减（允许抵扣的税额）

贷：主营业务成本等

C. 简易计税的：

借：应交税费——简易计税

贷：主营业务成本等

D. 小规模纳税人：

借：应交税费——应交增值税

贷：主营业务成本等

（11）对于不属于可抵扣范围的进项税票处理：

A. 取得进项税额发票，明确不属于可抵扣范围的：

借：成本 / 费用

应交税费——待认证进项税额

贷：银行存款 / 应付账款

B. 经税务机关认证确实属于不可抵扣的进项税额发票的：

借：成本 / 费用等

贷：应交税费——应交增值税——进项税额转出

（12）原已计入待抵扣进项税额的，不再符合抵扣条件时：

借：固定资产 / 费用等

贷：应交税费——待抵扣进项税额

（13）作为扣缴义务人对在境内未设置经营机构的境外单位或个人在境内发生的应税行为：

A. 购买时价税分离：

借：应交税费——应交增值税——进项税额

贷：应交税费——代扣代缴增值税

B. 缴纳税款时：

借：应交税费——代扣代缴增值税

　　贷：银行存款

（14）未实行“免、抵、退”办法核算出口增值税的，按规定计算的应收出口退税额

A. 按规定计算的应收出口退税额

借：应收出口退税款

　　贷：应交税费——应交增值税—出口退税

B. 收到出口退税时

借：银行存款

　　贷：应收出口退税款

C. 退税额低于购进时取得的增值税专用发票上的增值税额的差额

借：主营业务成本

　　贷：应交税费——应交增值税——进项税额转出（进项税额减收到的出口退税额的差额）

（15）实行“免、抵、退”办法核算出口增值税的

A. 在货物出口销售后结转产品销售成本时：

按规定计算的退税额低于购进时取得的增值税专用发票上的增值税额的差额：

借：主营业务成本

　　贷：应交税费——应交增值税——进项税额转出（进项税额减收到的出口退税额的差额）

按规定计算的当期出口货物的进项税额抵减内销产品的应纳税额：

借：应交税费——应交增值税——出口抵减内销产品应纳税额

　　贷：应交税费——应交增值税——出口退税

B. 在规定期限内，内销产品的应纳税额不足以抵减出口货物的进项税额，不足部分按有关税法规定给予退税的，应在实际收到退税款时：

借：银行存款

　　贷：应交税费——应交增值税——出口退税

（16）当月依据实际情况已缴的应交增值税处理

A. 当月已经实际缴纳的当月应缴纳的增值税：

借：应交税费——应交增值税——已交税金

借：银行存款

B. 收到退回的多交增值税：

借：银行存款

借：应交税费——应交增值税——已交增值税（红字）

（17）应交增值税月末结转

A. 应交增值税余额在借方时的月末结转留抵：

借：应交税费——未交增值税

贷：应交税费——应交增值税——转出多交增值税

B. 应交增值税余额在贷方时的月末结转留抵：

借：应交税费——应交增值税——转出未交增值税

贷：应交税费——未交增值税

（18）增值税税控系统专用设备和技术维护费用抵减增值税额，其他减免税款比照处理：

A. 一般纳税人：

借：应交税费——应交增值税——减免税额

　　贷：管理费用

B. 小规模纳税人：

借：应交税费——应交增值税

　　贷：管理费用

（19）按现行增值税制度规定应预交的增值税额：

A. 预缴时：

借：应交税费——预缴增值税

　　贷：银行存款

B. 月末转入未交增值税（房地产开发等企业在纳税义务发生时结转）：

借：应交税费——未交增值税

　　贷：应交税费——预缴增值税

（20）当月缴纳上期增值税

借：应交税费——未交增值税

　　贷：银行存款

2. 增值税在财务报表的列报

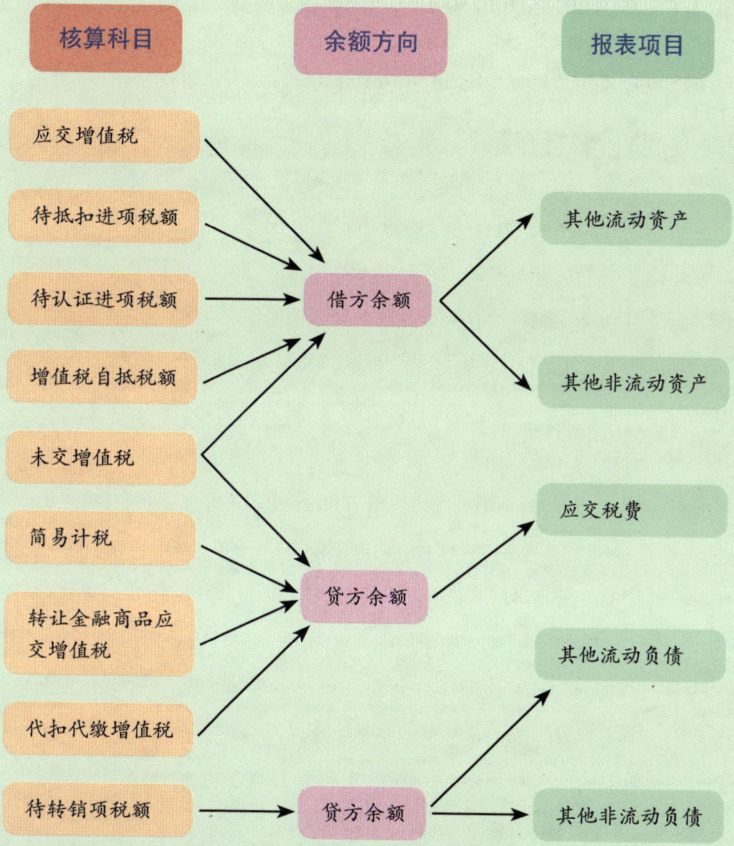

3. 企业所得税

（1）计提企业所得税

借：所得税费用——当期企业所得税

贷：应交税费——企业所得税

（2）缴纳企业所得说

借：应交税费——企业所得税

贷：银行存款

其他税种比照企业所得税及增值税处理

二十五、应付股利

应付股利是指按协议规定应该支付给投资者的利润。对应付股利进行正确的核算可以保障投资人的利益。应付股利属于流动负债。

1. 计提发放的股利

借：未分配利润

　　贷：应付股利

2. 支付股利

借：应付股利

　　贷：银行存款

二十六、应付利息

应付利息包括吸收存款、分期付息到期还本的长期借款、企业债券等应支付的利息。

1. 计提利息

借：财务费用/在建工程等

贷：应付利息

2. 支付利息

借：应付利息

贷：银行存款

二十七、其他应付款

其他应付款是指企业在商品交易业务以外发生的应付和暂收款项。

1. 收到单位往来款

借：银行存款

贷：其他应付款——公司间 / 客户 / 押金 / 保证金 / 代缴保险等

2. 支付、清理往来款

借：其他应付款——公司间 / 客户 / 押金 / 保证金 / 代缴保险等

贷：银行存款等

3. 员工报销款当期未付

借：管理费用 / 销售费用等

贷：其他应付款——员工报销款

4. 支付员工报销款

借：其他应付款——员工报销款

贷：银行存款

5. 计提社保公积金个人部分

借：应付职工薪酬——工资

贷：其他应付款——社会保险——养老保险（工资表中个人承担的养老保险）

——医疗保险（工资表中个人承担的医疗保险）

——失业保险（工资表中个人承担的失业保险）

——公积金（工资表中个人承担的公积金）

6. 支付社保公积金个人部分

借：应付职工薪酬——社会保险——养老保险（工资表中公司承担的养老保险）

——医疗保险（工资表中公司承担的医疗保险）

——失业保险（工资表中公司承担的失业保险）

——生育保险（工资表中公司承担的生育保险）

——工伤保险（工资表中公司承担的工伤保险）

——公积金（工资表中公司承担的公积金）

其他应付款——社会保险——养老保险（工资表中个人承担的养老保险）

——医疗保险（工资表中个人承担的医疗保险）

——失业保险（工资表中个人承担的失业保险）

——公积金（工资表中个人承担的公积金）

管理费用——人员管理费（代缴社保服务费）

贷：银行存款

其他的比照处理

二十八、递延收益

递延收益可以说是暂时未确认的收益，其应用的范围非常有限，主要体现在租赁准则和收入准则的相关内容中。

1. 收到补偿已发生费用或相关损失的政府补助

借：银行存款

贷：营业外收入

2. 收到补偿以未来期间发生的费用或损失的政府补助

借：银行存款

贷：递延收益

3. 摊销已经发生的费用或损失

借：递延收益

贷：营业外收入

4. 在销售产品或提供服务同时授予客户奖励积分的，应当将销售取得的货款或应收账款在本次商品销售或劳务提供产生的收入与奖励积分的公允价值之间进行分配，将取得的货款或应收账款扣除奖励积分公允价值的部分确认为收入，奖励积分的公允价值确认为递延收益

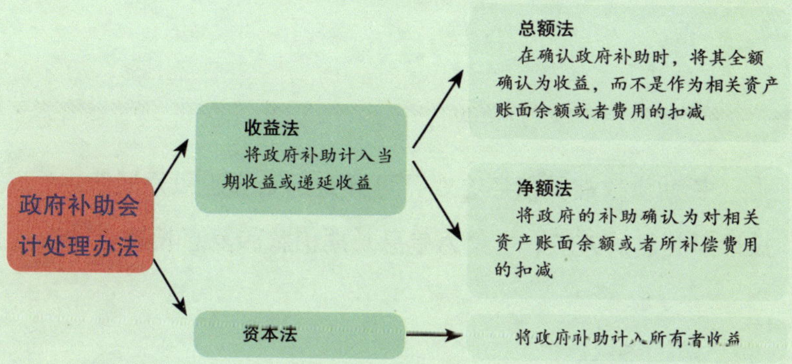

借：银行存款 / 应收账款等

　　贷：递延收益

　　　　主营业务收入

　　　　应交税费——应交增值税——销项税额

5. 奖励积分兑奖或失效时（被兑换部分确认为收入的金额应当以被兑换用于换取奖励的积分数额占预期将兑换用于换取奖励的积分总数的比例为基础计算确定）

借：递延收益

　　贷：主营业务收入

注：确认奖励积分公允价值的方法有：1. 相对公允价值比例法；2. 剩余价值法。

二十九、长期借款

长期借款按其偿还方式，可分为定期偿还和分期偿还；按计算利息的方法，可分为单息长期借款和复息长期借款。

1. 收到长期借款

借：银行存款

贷：长期借款

2. 按月按季度计提借款利息

借：财务费用 / 在建工程等

贷：应付利息

3. 分期还款，一年以内到期的部分转入一年以内到期非流动负债

借：长期借款

贷：一年以内到期非流动负债

4. 一次性偿还长期借款

借：长期借款

贷：银行存款

三十、一年以内到期非流动负债

一年以内到期非流动负债包括一年内到期的长期借款、长期应付款和应付债券。

1. 长期借款分期还款，一年以内到期的部分转入一年以内到期非流动负债

借：长期借款

贷：一年以内到期非流动负债

2. 支付一年以内到期非流动负债

借：一年以内到期非流动负债

贷：银行存款

三十一、股本 / 实收资本

股本主要用于核算股份制公司、企业的投入资本；实收资本主要用于核算有限责任公司、合伙企业、个人独资企业的投入资本。

1. 接受投资者投入资本

借：银行存款 / 其他应收款 / 固定资产 / 长期股权投资等

　　贷：股本 / 实收资本

　　　　资本公积——股本 / 资本溢价

2. 分配股票股利

借：利润分配

　　贷：股本 / 实收资本

3. 资本公积转增资本

借：资本公积

　　贷：股本 / 实收资本

4. 直接减少注册资本

借：股本 / 实收资本

贷：银行存款等

5. 收购本公司股票减资

借：股本

资本公积——股本溢价 / 盈余公积 / 未分配利润等

贷：库存股

回购股票价款低于面值总额的

借：股本

贷：库存股

资本公积——股本溢价

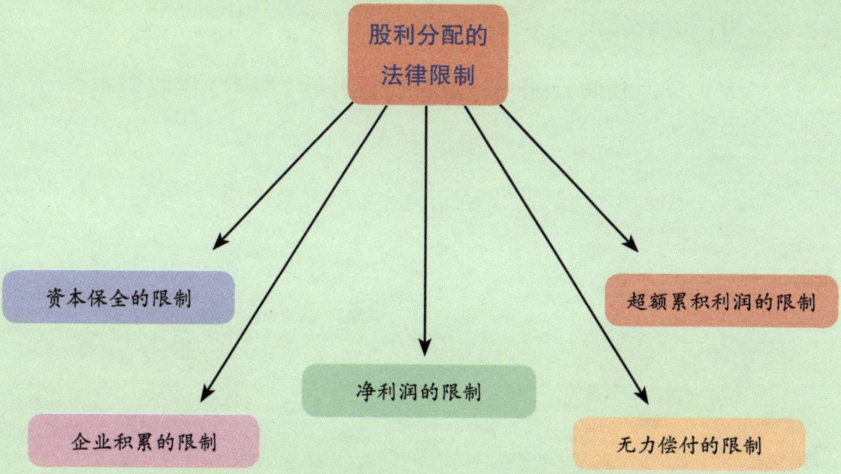

三十二、盈余公积

盈余公积根据其用途不同，可分为公益金和一般盈余公积两类。企业提取的盈余公积可用于弥补亏损、扩大生产经营、转增资本（或股本）或派送新股等。

1. 提取盈余公积

借：利润分配——提取法定 / 任意盈余公积

贷：法定 / 任意盈余公积

2. 盈余公积补亏

借：盈余公积

贷：利润分配——盈余公积补亏 / 股本 / 实收资本

三十三、本年利润

本年利润是一个汇总类账户，是指企业从公历年 1 月份至 12 月份逐步累计而形成的一个动态指标。

1. 收入类发生全部结转至本科目

借：本年利润

贷：主营业务收入 / 其他业务收入等

2. 成本费用类发生全部结转至本科目

借：主营业务成本 / 其他业务成本 / 管理费用等

贷：本年利润

3. 投资收益、公允价值变动损益等科目根据余额的借贷方向，比照收入类、损益类结转

4. 收入与支出相抵后结出的本年实现的净利润，转入利润分配

借：本年利润

贷：利润分配——未分配利润

亏损则做相反分录

三十四、利润分配

企业利润分配的对象是企业缴纳所得税后的净利润，企业有权自主分配，但在利润分配中也必须按规定办事。

1. 提取盈余公积

借：利润分配——提取法定 / 任意盈余公积

贷：法定 / 任意盈余公积

2. 盈余公积、一般风险准备补亏

借：盈余公积 / 一般风险准备

贷：利润分配——盈余公积 / 一般风险补亏

股本 / 实收资本

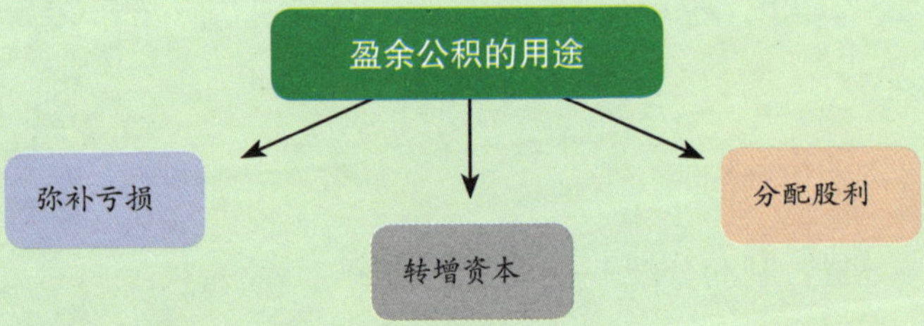

3. 外商投资企业按规定提取的储备基金、企业发展基金、职工奖励及福利基金

借：利润分配——提取储备基金 / 企业发展基金 / 职工奖励及福利基金

贷：盈余公积——储备基金 / 企业发展基金

应付职工薪酬

4. 提取的一般风险准备

借：利润分配——提取一般风险准备

贷：一般风险准备

5. 分配给股东或投资者的现金股利或利润

借：利润分配——应付现金股利 / 利润

贷：应付股利

6. 分配给股东的股票股利办理增资手续后

借：利润分配——转作股本的股利

贷：股本

7. 借贷方相抵后的余额，转入未分配利润

借：利润分配——未分配利润

　　贷：未分配利润

　　　　或做相反分录

三十五、主营业务收入

主营业务收入指企业经常性的、主要业务所产生的基本收入，在主营业务收入账户下，应按照主营业务的种类设置明细账，进行明细核算。

1. 经营主营业务实现的营业收入，按实际收到或应收的价款记账

借：银行存款

应收账款

贷：主营业务收入

应交税费——应交增值税——销项税额

2. 本期发生的销售退回或销售折让

（1）已确认收入的售出商品发生的销售退回

借：主营业务收入

应交税费——应交增值税——销项税额

贷：银行存款

应收账款

同时

借：库存商品

贷：主营业务成本

（2）未确认收入的售出商品发生的销售退回

借：库存商品

贷：发出商品

若原发出商品时增值税纳税义务已发生：

借：应交税费——应交增值税——销项税额

贷：应收账款

3. 满足收入确认条件的采用递延方式分期收款、实质上具有融资性质的销售商品或提供劳务

借：长期应收款（应收合同或协议价款）

贷：主营业务收入（应收合同或协议价款的公允价值即折现值）

未实现融资收益（差额）

4. 采取买断方式代销商品，委托方发出商品，按应收的款项

借：应收账款

应收票据

贷：主营业务收入

应交税费——应交增值税——销项税额

A. 采取手续费方式代销商品，收到的代销清单，按应收的款项

借：应收账款

应收票据

贷：主营业务收入

应交税费——应交增值税——销项税额

B. 按应支付的代销手续费

借：销售费用

贷：应收账款

借：银行存款

应收账款

预收账款

贷：主营业务收入

其他业务收入

应交税费——应交增值税——销项税额

5. 不符合收入确认条件的已发出商品

借：发出商品

贷：库存商品

A. 实现营业收入时

借：应收账款

银行存款

贷：主营业务收入

应交税费——应交增值税——销项税额

B. 结转销售成本

借：主营业务成本

贷：发出商品

6. 以库存商品进行非货币性资产（非货币性资产具有商业实质且公允价值能够可靠计量）、债务重组

借：应付账款等（该产成品、商品的公允价值）

贷：主营业务收入

应交税费——应交增值税——销项税额

7. 期末将“主营业务收入”科目余额转入“本年利润”科目

借：主营业务收入

贷：本年利润

三十六、其他业务收入

其他业务收入是指企业从事除主营业务以外的其他业务活动所取得的收入。例如，材料物资及包装物销售、无形资产转让、包装物出租、废旧物资出售收入等。

1. 确认出租固定资产、无形资产、投资性房地产收入

借：应收账款

银行存款

贷：其他业务收入

2. 销售原材料，按售价和应收的增值税

借：银行存款

应收账款

贷：其他业务收入

应交税费——应交增值税——销项税额

3. 收到出租包装物的租金

借：银行存款等

贷：其他业务收入

应交税费——应交增值税——销项税额

4. 没收逾期未退包装物的押金

借：其他应付款

贷：其他业务收入

应交税费——应交增值税——销项税额

5. 采取手续费方式代销商品，取得的手续费收入

借：应付账款——××委托代销单位

贷：其他业务收入

6. 期末将“其他业务收入”科目余额转入“本年利润”

借：其他业务收入

贷：本年利润

三十七、主营业务成本

主营业务成本主要包括原材料、人工成本（工资）和固定资产折旧等。主要用于核算企业因销售商品、提供劳务或让渡资产使用权等日常活动而产生的实际成本。

1. 企业销售商品

（1）销售实现时

借：银行存款、应收账款等

　　贷：主营业务收入

　　　　应交税费——应交增值税——销项税额

借：主营业务成本

　　贷：库存商品

（2）期末结转损益

借：主营业务收入

　　贷：本年利润

借：本年利润

　　贷：主营业务成本

2. 提供劳务

（1）发生劳务支出时

借：劳务成本

贷：银行存款、应付职工薪酬等

（2）确认劳务的收入并结转劳务总成本

借：银行存款等

贷：主营业务收入

借：主营业务成本

贷：劳务成本

（3）期末结转损益

借：主营业务收入

贷：本年利润

借：本年利润

贷：主营业务成本

三十八、其他业务成本

其他业务成本包括销售材料成本，出租固定资产折旧额，出租无形资产摊销额，出租包装物成本或摊销额。

1. 销售材料的成本、销售商品领用单独计价的包装物成本

（1）确认收入时

借：银行存款

　　贷：其他业务收入

　　　　应交税费——应交增值税——销项税额

借：其他业务成本

　　贷：原材料（销售原材料）

　　　　周转材料——包装物（销售商品领用单独计价的包装物成本）

（2）期末，结转成本到本年利润

借：本年利润

　　贷：其他业务成本

2. 出租无形资产的摊销额和出租固定资产的折旧额

（1）每月摊销时

借：其他业务成本

　　贷：累计摊销（出租无形资产的摊销额）

　　　　累计折旧（出租固定资产的折旧额）

　　　　投资性房地产累计折旧（成本模式投资性地产的折旧额）

（2）期末结转成本到本年利润

借：本年利润

　　贷：其他业务成本

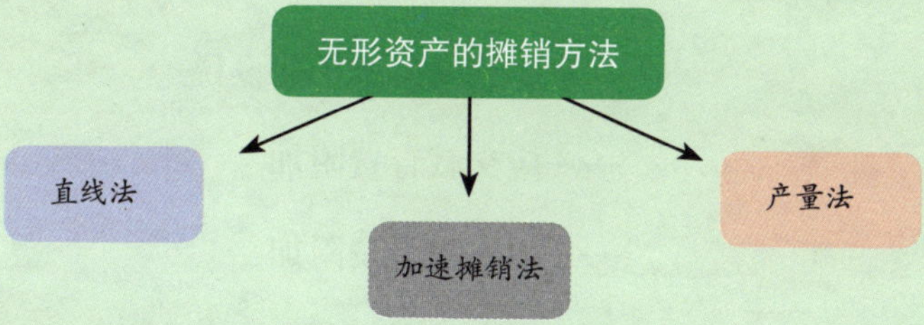

三十九、营业税金及附加

营业税金及附加用来反映企业所经营的主要业务需要负担的消费税、资源税、教育费附加、城市维护建设税等。

1. 计算消费税、城建税、资源税和教育费附加等相关税费时

借：营业税金及附加——消费税

——城市维护建设税

——教育费附加

——地方教育费附加

贷：应交税费——应交消费税

——应交城市维护建设税

——应交教育费附加

——地方教育费附加

2. 缴纳时

借：应交税费——应交消费税

——应交城市维护建设税

——应交教育费附加

——地方教育费附加

贷：银行存款

3. 期末结转成本到本年利润

借：本年利润

贷：营业税金及附加——消费税

——城市维护建设税

——教育费附加

——地方教育费附加

四十、期间费用

期间费用是指不能直接归属于某个特定产品成本的费用。包括销售费用、管理费用和财务费用等。

1. 发生或计提时

借：管理费用

销售费用

财务费用

贷：银行存款

库存现金

应付职工薪酬

累计折旧等

2. 月末结转，转入“本年利润”科目，期末没有余额

借：本年利润

贷：管理费用

销售费用

财务费用

四十一、营业外收入

营业外收入指企业发生的与生产经营无直接关系的各项收入，主要包括固定资产盘盈、处置固定资产净收益、罚款净收入等。

1. 发生时

借：银行存款

库存现金

其他应收款

应付账款

贷：营业外收入

2. 期末结转

借：营业外收入

贷：本年利润

营业外收入	（1）固定资产盘盈
	（2）处置固定资产净收益
	（3）非货币性交易收益
	（4）出售无形资产收益
	（5）罚款净收入
	（6）因债权人原因确实无法支付的账款
	（7）教育费附加返还款

四十二、营业外支出

营业外支出是指企业发生的与其日常活动无直接关系的各项损失，主要包括非流动资产处置损失、公益性捐赠支出、盘亏损失、非常损失、罚款支出等。

1. 发生时

借：营业外支出

　　贷：银行存款

　　　　库存现金

　　　　待处理财产损益

2. 期末结转

借：本年利润

　　贷：营业外支出

四十三、所得税费用

所得税费用指企业经营利润应交纳的所得税。所得税费用是损益类科目，利润表中应予确认的所得税费用为当期所得税和递延所得税两者之和。

1. 计提当期应交所得税

借：所得税费用——当期所得税费用

贷：应交税费——应交所得税

2. 结转本年利润

借：本年利润

贷：所得税费用

四十四、以前年度损益调整

以前年度损益调整科目，属于损益类科目，指企业对以前年度多计或少计的重大盈亏数额所进行的调整，使其不至于影响到本年度利润总额。

1. 对以前年度损益进行调整，不影响当期损益，以应交所得税为例

借：以前年度损益调整

贷：应交税费——应交所得税

2. 结转到未分配利润

借：利润分配——未分配利润

贷：以前年度损益调整

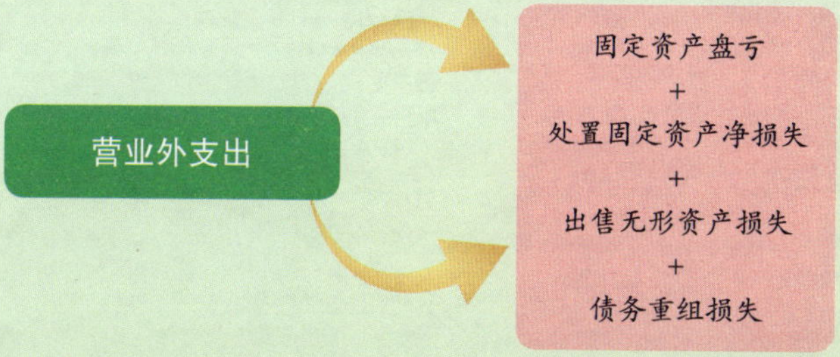

第二章　常用会计科目

会计科目是按照经济业务的内容和经济管理的要求，对会计要素的具体内容进行分类核算的科目。通过设置会计科目，会对会计要素的具体内容进行科学分类，可以为会计信息使用者提供科学、详细的分类指标体系。在会计核算的各种具体方法中，设置会计科目占用重要位置，它决定着核算的详细程度、账户开设、报表结构设计等。我们在《企业会计制度》设置的企业会计科目基础上，增加了一些常用的二级甚至三级核算明细科目，为广大财务人员在科目设置上提供了一些参考。

常用会计科目

会计常用科目解释、核算内容及科目设置，见常用会计科目表。

常用会计科目表（新会计准则）

科目代码	科目名称	类别	科目解释及核算内容（会计准则释义）	参考会计附件（核算所需资料）	核算维度（辅助核算）
1001	库存现金	流动资产	核算单位现金的收付	现金收据、支出单等	
1002	银行存款	流动资产	核算公司开立的各银行账户的资金往来情况	—	—
1012	其他货币资金	流动资产	核算除现金，银行存款以外的货币资金的收付情况	—	—
101201	外埠存款	流动资产	指企业到外地进行临时或零星采购时，汇往采购地银行开立采购专户的款项（企业在外埠开立临时采购账户，需经开户地银行批准）。	—	—
101202	银行本票存款	流动资产	指企业为取得银行本票按规定存入银行的款项。企业办理银行本票，需将款项交存开户银行。本票存款实行全额结算，本票存款额与结算金额的差额一般采用支票或其他方式结清。	—	—

续表

常用会计科目表（新会计准则）					
101203	银行汇票存款	流动资产	企业为取得银行汇票按规定存入银行的款项。	—	—
101204	信用卡存款	流动资产	指企业为取得信用卡按照规定存入银行信用卡专户的款项。信用卡是可以存入现金的，但标准信用卡存款没有利息，且存进的钱再取出来需要缴纳手续费（这种情况叫做溢款领回）。但也有部分特殊卡种具有储蓄功能。	—	—
101205	信用证保证金存款	流动资产	指采用信用证结算方式的企业为取得信用证而按规定存入银行信用证保证金专户的款项。企业向银行交纳保证金，根据银行退回的进账单第一联和开证行交来的信用证来单通知书及有关单据列明的金额，借记科目，贷记科目。	—	—
101206	存出投资款	流动资产	指企业已存入证券公司但尚未进行短期投资的现金。企业向证券公司划出的资金，应按照实际划出的金额，借记“存出投资款”科目，贷记“银行存款”科目；购买股票、债券等时，按实际发生的金额，借记“交易性金融资产”或“可供出售金融资产”科目，贷记“存出投资款”科目。	—	—
1101	交易性金融资产	流动资产	指企业购入的能够随时变现的并且持有时间不准备超过一年的投资。企业为了通过分配来增加财务或为了谋取其他利益，而将自己的资产让渡给其他单位使用而获得的另一项资产。	投资协议	—

续表

常用会计科目表（新会计准则）					
110101	本金	流动资产	指贷款、存款或投资在计算利息之前的原始金额。	—	—
110102	公允价值变动	流动资产	指开放、活跃市场上的商品、货物公平交易的、买卖双方都接受的价值。有时候不一定是货物真实的内在价值，与市场需求相关。如股票，期货市场交易等表现明显。	—	—
1121	应收票据	流动资产	核算企业持有的、尚未到期兑现的商业票据。是一种载有一定付款日期、付款地点、付款金额和付款人的无条件支付的流通证券，也是一种可以由持票人自由转让给他人的债权凭证。	取得应收票据和收回到期票款	—
1122	应收账款	流动资产	核算企业因销售商品、材料、提供劳务等，应向购货单位收取的款项，以及代垫运杂费和承兑到期而未能收到款的商业承兑汇票。	发票、销货单	—
1123	预付账款	流动资产	核算商品交易以前预先支付给供货方的款项	合同协议	—
1131	应收股利	流动资产	核算企业因股权投资而应收取的现金股利以及应收其他单位的利润，包括企业股票实际支付的款项中所包括的已宣告发放但尚未领取的现金股利和企业对外投资应分得的现金股利或利润等，但不包括应收的股票股利。	投资协议、股利 / 利润分配决议	—
1132	应收利息	流动资产	核算短期债券投资实际支付的价款中包含的已到付息期但尚未领取的债券利息。	投资协议	—

续表

常用会计科目表（新会计准则）					
1221	其他应收款	流动资产	核算企业应收款项的另一重要组成部分。其他应收款科目核算企业除买入返售金融资产、应收票据、应收账款、预付账款、应收股利、应收利息、应收代位追偿款、应收分保账款、应收分保合同准备金、长期应收款等以外的其他各种应收及暂付款项。按核算内容区分设置二级科目，明细核算。	发票存根联、销货单	项目、客户等
1231	坏账准备	流动资产	核算企业由于各种原因无法收回的应收款项或专门积累的用以弥补坏账损失的准备金，区分应收账款与其他应收款计提。	坏账计提表	—
1501	持有至到期投资	非流动资产	指到期日固定、回收金额固定或可确定，且企业有明确意图和能力持有至到期的非衍生金融资产。	—	—
150101	投资成本	非流动资产	核算取得投资时实际支付的全部价款，包括税金、手续费等相关费用。	投资协议及相关税费票据	—
150102	利息调整	非流动资产	核算初始购买时实际支付额与账面价值间的差异，及溢价或折价部分以及在持有期间调整。	—	—
150103	应计利息	非流动资产	核算持有期间计提的到期一次收取的利息。	—	—
1502	持有至到期投资减值准备	非流动资产	核算企业计提的持有至到期投资的减值准备。	—	—

续表

常用会计科目表（新会计准则）					
1503	可供出售金融资产	非流动资产	核算企业初始确认时即被指定为可供出售的非衍生金融资产，以及没有划分为以公允价值计量且其变动计入当期损益的金融资产、持有至到期投资、贷款和应收款项的金融资产。	投资协议及相关税费票据	—
1511	长期股权投资	非流动资产	核算通过投资取得被投资单位的股份。企业对其他单位的股权投资，通常为长期持有；以及通过股权投资达到控制被投资单位，或对被投资单位施加重大影响，或为了与被投资单位建立密切关系，以分散经营风险。企业持有的投出期限在一年以上的各种股权性投资。	投资协议及相关税费票据	—
151101	投资成本	非流动资产	指取得投资时实际支付的全部价款，包括税金、手续费等相关费用。	—	—
151102	损益调整	非流动资产	—	—	—
151103	其他综合收益变动	非流动资产	—	—	—
151104	其他权益变动	非流动资产	指按权益法对有重大影响的联营、合营公司进行会计核算时，被投资单位（联营、合营公司）除净损益以外的其他综合收益的变动（主要指资本公积）按持股比例对投资单位的影响。	—	—
1512	长期股权投资减值准备	非流动资产	核算企业计提的长期股权投资的减值准备。	（减值测试表等）	—

续表

常用会计科目表（新会计准则）					
1521	投资性房地产	非流动资产	核算企业为赚取租金或资本增值，或两者兼有而持有的房地产。投资性房地产应当能够单独计量和出售。投资性房地产主要包括：已出租的土地使用权、持有并准备增值后转让的土地使用权和已出租的建筑物。	合同、发票、相关税费票据	—
152101	成本	非流动资产	根据所使用的核算方法确定具体的成本金额。	—	—
152102	公允价值变动	非流动资产	核算由于采用公允价值法核算的投资性房地产。由于市场因素如需求变化，商品自身价值的变化产生买卖双方对价格的重新评估的过程；前后两者之间的公允价值变动产生公允价值变动损益。	—	—
1531	长期应收款	非流动资产	核算企业融资租赁产生的应收款项和采用递延方式分期收款、实质上具有融资性质的销售商品和提供劳务等经营活动产生的应收款项。	（协议、发票）	—
1601	固定资产	非流动资产	核算企业为了生产商品、提供劳务、出租或者经营管理而持有的，使用寿命超过一个会计年度的有形资产，包括房屋、建筑物、机器、机械、运输工具以及其他与生产、经营有关的设备、器具、工具等。	（发票、合同）	—
160101	房屋及建筑物	非流动资产	核算人们进行生产、生活、居住或其他活动的房屋或场所，如工业建筑、民用建筑、农业建筑等。	—	—

续表

常用会计科目表（新会计准则）					
160102	运输工具	非流动资产	核算完成旅客和货物运输的机车、客货车辆、汽车、轮船、飞机等。由于这些运输工具是完成旅客和货物位移的工具。	—	—
160103	机器设备	非流动资产	核算由金属或其他材料组成、由若干零部件装配起来，在一种或几种动力驱动下，能够完成生产、加工、运行等功能或效用的装置。	—	—
160104	电子设备	非流动资产	核算由集成电路、晶体管、电子管等电子元器件组成，应用电子技术（包括）软件发挥作用的设备，包括电子计算机以及由电子计算机控制的机器人、数控或程控系统等。	—	—
160105	办公家具	非流动资产	核算在日常生活工作和社会活动中为办公者工作方便而配备的用具。	—	—
160106	其他	非流动资产	—	—	—
160107	融资租入固定资产	非流动资产	核算企业因融资租赁取得的固定资产。	—	—
1602	累计折旧	非流动资产	核算固定资产的累计折旧，是固定资产的备抵科目。	（固定资产折旧明细）	—
160201	房屋及建筑物	非流动资产	—	—	—
160202	运输工具	非流动资产	—	—	—
160203	机器设备	非流动资产	—	—	—
160204	电子设备	非流动资产	—	—	—
160205	办公家具	非流动资产	—	—	—

续表

常用会计科目表（新会计准则）					
160206	其他	非流动资产	—	—	—
160207	融资租入固定资产	非流动资产	—	—	—
1603	固定资产减值准备	非流动资产	核算固定资产由于发生损坏、技术陈旧或者其他经济原因，导致其可收回金额低于其账面价值的情况。	减值测试表等	—
1604	在建工程	非流动资产	核算企业固定资产的新建、改建、扩建，或技术改造、设备更新和大修理工程等尚未完工的工程支出。	发票、协议、相关税费票据	—
1605	工程物资	非流动资产	核算用于固定资产建造的建筑材料（如钢材、水泥、玻璃等），企业（民用航空运输）的高价周转件（如飞机的引擎）等。在资产负债表中并入在建工程项目。按工程类别设置二级科目，明细核算。	发票、协议、相关税费票据	—
1606	固定资产清理	非流动资产	核算企业由于出售、报废、毁损、对外投资、非货币性资产交换、债务重组、因各种不可抗力的自然灾害而遭到损坏和损失等原因转出的固定资产价值以及在清理过程中发生的各种收支等。	清理清单	—
1701	无形资产	非流动资产	核算企业持有的无形资产成本，包括专利权、非专利技术、商标权、著作权、土地使用权等。	发票、协议	—
170101	商标	非流动资产	—	—	—

续表

常用会计科目表（新会计准则）

170102	著作权	非流动资产	—	—	—
170103	软件	非流动资产	—	—	—
1702	累计摊销	非流动资产	指无形资产备抵科目，同累计折旧。	累计折旧	—
1703	无形资产减值准备	非流动资产	指企业无形资产的减值准备。期末贷方余额，反映企业已计提但尚未转销的无形资产减值准备。	—	—
1801	长期待摊费用	非流动资产	指核算企业已经支出，但摊销期限在1年以上（不含1年）的各项费用，包括开办费、租入固定资产的改良支出以及摊销期在1年以上的固定资产大修理支出、股票发行费用等。	协议	—
1811	递延所得税资产	非流动资产	核算企业因确认可抵扣暂时性差异所产生的递延所得税资产。	—	—
1901	待处理财产损益	非流动资产	核算公司在清查财产过程中查明的各种财产物资的盘盈、盘亏和毁损的价值。注：盘盈的固定资产的价值应作为前期差错计入“以前年度损益调整”科目。	财产盘点表、财产梳理审批表等	—
2001	短期借款	流动负债	核算企业向银行或其他金融机构借入偿还期限在一年之内（含一年）的各种借款，该科目只核算本金不核算利息。	借款合同	—

续表

常用会计科目表（新会计准则）					
2201	应付票据	流动负债	核算企业因采购货物、接受劳务而向客户开出的商业汇票。按照票据总类设置明细科目。企业因购买材料、商品和接受劳务供应等而开出、承兑的商业汇票，包括银行承兑汇票、商业承兑汇票。期末贷方余额，反映企业尚未到期的商业汇票的票面金额。	材料采购明细、合同、发票	客户、项目
2202	应付账款	流动负债	核算企业因采购货物、接受劳务而应付未付的款项。	材料采购明细、合同、发票	客户、项目
2203	预收账款	流动负债	核算企业销售商品、产品或提供劳务，按合同约定向采购方预收的款项。	—	—
2211	应付职工薪酬	流动负债	指企业根据有关规定应付给职工的各种薪酬，按照“工资，奖金，津贴，补贴”“职工福利”“社会保险费”“住房公积金”“工会经费”“职工教育经费”“解除职工劳动关系补偿”“非货币性福利”“其他与获得职工提供的服务相关的支出”等应付职工薪酬项目进行明细核算，是核算企业支付给职工个人的属于工资总额内的各种工资、津贴以及为职工支付的养老保险等福利费用。此项分设若干明细科目。	工资表	—

续表

常用会计科目表（新会计准则）					
221101	工资	流动负债	工资是工钱的一种类型，即员工的薪资，是固定工作关系里的员工所得的薪酬，是雇主或者法定用人单位依据法律规定或行业规定或根据与员工之间的约定，以货币形式对员工的劳动所支付的报酬，是劳务报酬（劳酬）中的一种主要形式。“非货币性福利”“其他与获得职工提供的服务相关的支出”等应付职工薪酬项目进行明细核算，是核算企业支付给职工个人的属于工资总额内的各种工资、津贴以及为职工支付的养老保险等福利费用。分设若干明细科目。	—	—
221102	职工福利	流动负债	职工福利是指企业在工资、社会保险之外，根据国家有关规定，所采取的补贴措施和建立的各种服务设施，对职工提供直接的和间接的物质帮助。	—	—
221103	社会保险费	流动负债	社会保险是指国家为了预防和分担年老、失业、疾病以及死亡等社会风险，实现社会安全，而强制社会多数成员参加的，具有所得重分配功能的非营利性的社会安全制度。	—	—
22110301	养老保险（公司部分）	流动负债	核算公司承担的养老保险	—	—
22110302	医疗保险（公司部分）	流动负债	核算公司承担的医疗保险	—	—

续表

常用会计科目表（新会计准则）					
22110303	失业保险（公司部分）	流动负债	核算公司承担的失业保险	—	—
22110304	生育保险（公司部分）	流动负债	核算公司承担的生育保险	—	—
22110305	工伤保险（公司部分）	流动负债	核算公司承担的工伤保险	—	—
221104	住房公积金（公司部分）	流动负债	住房公积金，是指国家机关、国有企业、城镇集体企业、外商投资企业、城镇私营企业及其他城镇企业、事业单位、民办非企业单位、社会团体及在职职工缴存的长期住房储金。	—	—
221105	工会经费	流动负债	工会经费，是指工会依法取得并开展正常活动所需的费用。按《中华人民共和国工会法》，工会经费的主要来源是工会会员缴纳的会费和按每月全部职工工资总额的 2% 向工会拨交的经费，其中 2% 的拨交经费是经费的最主要来源。	—	—
221106	职工教育经费	流动负债	核算企业根据有关规定应付的职工教育经费是指企业按工资总额的一定比例，提取用于职工教育事业的一项费用，是企业为职工学习先进技术和提高文化水平而支付的费用。	—	—

续表

常用会计科目表（新会计准则）					
221107	辞退福利	流动负债	核算企业根据有关规定应付的辞退福利是指在企业与职工签订的劳动合同未到期之前，企业由于种种原因需要提前终止劳动合同而辞退员工，根据劳动合同，企业需要提供一笔资金作为对被辞退员工的补偿。辞退福利通常采取在解除劳动关系时一次性支付补偿的方式，也有提高退休后养老金或其他离职后福利标准的方式，或者将职工薪酬的工资部分支付到辞退后未来某一期间。	—	—
221108	股份支付	流动负债	核算股份支付，是“以股份为基础的支付”的简称，是指企业为获取职工和其他方提供服务而授予权益工具或者承担以权益工具为基础确定的负债的交易。股份支付分为以权益结算的股份支付和以现金结算的股份支付。	—	—
2221	应交税费	流动负债	核算企业与税务部门之间，应交未交的各种税金。企业代扣代交的个人所得税等，也通过本科目核算。期末贷方余额，反映企业尚未交纳的税费；期末借方余额，反映企业多交或者尚未抵扣的税费。	—	—
222101	应交 增值税	流动负债	核算增值税是以商品（含应税劳务）在流转过程中产生的增值额作为计税依据而征收的一种流转税。	—	—
22210101	进项税额	流动负债	核算进项税额、退回采购 / 服务的进项税额。	发票等	—

续表

常用会计科目表（新会计准则）

22210102	已交税金	流动负债	核算实际缴纳的增值税、退回本月多交增值税。	税票或税费缴款书等	—
22210103	减免税款	流动负债	核算直接减免的增值税。	减免相关资料等	—
22210104	出口抵减内销产品应纳税额	流动负债	核算按规定的退税率计算的出口货物的当期抵免税额。	抵减相关资料等	—
22210105	转出未交增值税	流动负债	核算月终转出的应交未交增值税额。	—	—
22210106	销项税额	流动负债	核算销项税额、销售退回部分的销项税额。	发票	—
22210107	出口退税	流动负债	核算收到的出口退税额。	退税表	—
22210108	进项税额转出	流动负债	核算发生的非正常损失以及其他原因而不应从销项税额中抵扣，按规定转出的进项税额。	税票、转出说明等	—
22210109	转出多交增值税	流动负债	核算转出多交增值税——月终转出本月多交的增值税。	—	—
222102	未交增值税	流动负债	核算未交的增值税	—	—
222104	应交消费税	流动负债	核算消费税（特种货物及劳务税），以消费品的流转额作为征税对象的各种税收的统称。	—	—
222106	企业所得税	流动负债	核算企业所得税	计算表	—

续表

常用会计科目表（新会计准则）					
222107	应交土地增值税	流动负债	核算土地增值税，由于转让国有土地使用权、地上的建筑物及其附着物并取得收入的单位和个人，以转让所取得的收入包括货币收入、实物收入和其他收入减除法定扣除项目金额后的增值额为计税依据向国家缴纳的一种税赋，不包括以继承、赠与方式无偿转让房地产的行为。	—	—
222108	应交城市建设维护税	流动负债	核算基于增值税和消费税计算缴纳的城建税。	税费计算明细表	—
222109	应交教育附加费	流动负债	核算基于增值税和消费税计算缴纳的教育附加费。	税费计算明细表	—
222110	应交房产税	流动负债	房产税是以房屋为征税对象，按房屋的计税余值或租金收入为计税依据，向产权所有人征收的一种财产税。	—	—
222111	应交土地使用税	流动负债	核算土地使用税，是以实际占用的土地面积为计税依据，依照规定由土地所在地的税务机关征收的一种税赋。	—	—
222112	应交车船使用税	流动负债	车船税是指对在我国境内应依法到公安、交通、农业、渔业、军事等管理部门办理登记的车辆、船舶，根据其种类，按照规定的计税依据和年税额标准计算征收的一种财产税。从 2007 年 7 月 1 日开始，有车族需要在投保交强险时缴纳车船税。	—	—

续表

常用会计科目表（新会计准则）					
222113	应交个人所得税	流动负债	核算因工资发放、劳务费发放等原因产生的个人所得税，具体税率及扣除额参照最新的个人所得税税率表	工资表等	—
2231	应付利息	流动负债	核算应付利息，是企业按照合同约定应该支付的利息，包括吸收存款、分期付息到期还本的长期借款、企业债券等应该支付的利息。期末贷方余额，反映企业应付未付的利息。	—	—
2232	应付股利	流动负债	核算企业应付给股东的现金股利，企业分配的现金股利或者利润。	—	—
2241	其他应付款	流动负债	核算企业除应付账款、应付票据以外其他应付暂收款项。例如：存入保证金（押金）、应付的租金等。企业除应付票据、应付账款、预收账款、应付职工薪酬、应付利息、应付股利、应交税费、长期应付款等以外的其他各项应付、暂收的款项。期末贷方余额，反映企业应付未付的其他应付款项。	—	—
224101	公司间	流动负债	核算企业除应付账款、应付票据以外其他应付暂收款项。应付款等以外的其他各项应付、暂收的款项。期末贷方余额，反映企业应付未付的其他应付款项。	资金调拨单、合同等	—
224102	客户	流动负债	核算企业除应付账款、应付票据以外其他应付暂收款项。	合同	—
224103	员工借款	流动负债	核算企业除应付账款、应付票据以外其他应付暂收款项。	借款事项事前审批证明	—

续表

常用会计科目表（新会计准则）					
224104	保证金/质保金	流动负债	保证金是指用于核算存入银行等金融机构各种保证金性质的存款。	收据、账单	—
224105	押金	流动负债	核算客户提交的押金，到期退还。	收据、账单	—
224106	养老保险（个人部分）	流动负债	核算个人承担的养老保险	工资表	—
224107	医疗保险（个人部分）	流动负债	核算个人承担的医疗保险	工资表	—
224108	失业保险（个人部分）	流动负债	核算个人承担的失业保险	工资表	—
224109	公积金（个人部分）	流动负债	核算个人承担的公积金	工资表	—
224110	代缴保险	流动负债	核算为非公司人员代缴纳的社保费，最终费用不由公司承担。	—	—
224111	其他	流动负债	—	—	—
2401	递延收益	流动/非流动负债	核算企业确认的应该在以后期间计入当期损益的政府补助。	—	—
2501	长期借款	非流动负债	核算企业向银行或者其他金融机构借入的期限一年以上（不含一年）的各项借款。	借款合同	—

续表

常用会计科目表（新会计准则）					
2901	递延所得税负债	非流动负债	核算企业确认的由应纳税暂时性差异产生的所得税负债。	计算表	—
4001	实收资本	权益	指投资者按照企业章程，或合同、协议的约定，实际投入企业的资本。	投资协议	—
4002	资本公积	权益	指企业在经营过程中由于接受捐赠、股本溢价以及法定财产重估增值等原因所形成的公积金。	—	—
400201	资本溢价	权益	指企业投资者投入的资金超过其在注册资本中所占份额的部分。	—	—
400202	股本溢价	权益	指股份有限公司溢价发行股票时实际收到的款项超过股票面值总额的数额。	—	—
400203	其他资本公积	权益	指股本溢价（或资本溢价）项目所形成以外的资本公积。	—	—
4101	盈余公积	权益	指企业从税后利润中提取形成的、存留于企业内部、具有特定用途的收益积累。	—	—
410101	法定盈余公积	权益	指按照企业净利润和法定比例计提的盈余公积。	—	—
410102	任意盈余公积	权益	根据公司章程及股东会的决议，从公司盈余中提取的公积金。	—	—
410103	法定公益金	权益	指企业按照规定比例从净利润中提取的用于职工集体福利设施的公益金。	—	—

续表

常用会计科目表（新会计准则）					
410104	储备基金	权益	指法律、法规规定从净利润中提取的、经批准用于弥补亏损和转增资本的储备基金。	—	—
410105	企业发展基金	权益	指按照法律、行政法规规定从净利润中提取的，用于企业生产发展和经批准用于增加资本的企业发展基金。	—	—
410106	利润归还投资	权益	指中外合作经营企业按照规定在合作期间以利润归还投资者的投资。	—	—
4103	本年利润	权益	指企业某个会计年度净利润（或净亏损）。	—	—
4104	利润分配	权益	将企业实现的净利润，按照国家财务制度规定的分配形式和分配顺序，在企业和投资者之间进行分配的方式。	—	—
410401	提取法定盈余公积金	权益	法定盈余公积金是国家统一规定必须提取的公积金，它的提取顺序在弥补亏损之后，按当年税后利润的 10% 提取。	—	—
410402	提取任意盈余公积	权益	根据公司章程及股东会的决议，从公司盈余中提取的公积金	—	—
410403	提取法定公益金	权益	公司分配当年税后利润时，应当提取利润的百分之十列入公司法定公积金，并提取利润的百分之五至百分之十列入公司法定公益金。	—	—
410404	应付现金股利或利润	权益	指按协议规定应该支付给投资者的利润。	—	—

续表

常用会计科目表（新会计准则）					
410405	转作股本的利润	权益	—	—	—
410406	盈余公积补亏	权益	—	—	—
410407	提取储备基金	权益	储备基金是指法律、法规规定从净利润中提取的、经批准用于弥补亏损和转增资本的储备基金；提取储备基金、职工奖励及福利基金、企业发展基金，提取比例由董事会确定。	—	—
410408	提取企业发展基金	权益	企业发展基金是指按照法律、行政法规规定从净利润中提取的，用于企业生产发展和经批准用于增加资本的企业发展基金；提取储备基金、职工奖励及福利基金、企业发展基金，提取比例由董事会确定。	—	—
410409	提取职工奖励及福利基金	权益	职工福利基金是指按照结余的一定比例提取以及按照其他规定提取转入，用于单位职工的集体福利设施、集体福利待遇等的资金。	—	—
410410	利润归还投资	权益	利润归还投资是指中外合作经营企业按照规定在合作期间以利润归还投资者的投资。	—	—
410411	未分配利润	权益	未分配利润是企业未作分配的利润。它在以后年度可继续进行分配，在未进行分配之前，属于所有者权益的组成部分。	—	—

续表

常用会计科目表（新会计准则）					
4201	库存股	权益	库存股 (treasury stock) 是指已经认购缴款，由发行公司通过购入、赠予或其他方式重新获得，可供再行出售或注销之用的股票。	—	—
6001	主营业务收入	损益	核算企业从事某种主要生产、经营活动所取得的营业收入。	—	项目、客户、部门
600101	商品销售收入	损益	指企业发生在商品产品、自制半成品或提供劳务，使商品产品所有权转到顾客，收到货款、劳务价款或取得索取价款凭证，而认定的收入。	发票、合同	项目、客户、部门
600102	服务收入	损益	除销售以外的服务取得的收入。	—	项目、客户、部门
6051	其他业务收入	损益	指企业主营业务收入以外的所有通过销售商品、提供劳务收入及让渡资产使用权等日常活动所形成的经济利益的流入。	—	项目、客户、部门
6101	公允价值变动损益	损益	公允价值变动损益是指企业以各种资产，如投资性房地产、债务重组、非货币交换、交易性金融资产等公允价值变动形成的应计入当期损益的利得或损失。即公允价值与账面余额之间的差额。该项目反映了资产在持有期间因公允价值变动而产生的损益。	专业市场估值报告等	—
6111	投资收益	损益	指对外投资所取得的利润、股利和债券利息等收入减去投资损失后的净收益。	—	—

续表

常用会计科目表（新会计准则）					
6301	营业外收入	损益	指企业确认与企业生产经营活动没有直接关系的各种收入。	—	项目
630101	政府补助	损益	指企业从政府无偿取得货币性资产或非货币性资产形成的利得，不包括政府作为所有者对企业的资本投入。	银行回单、相关政策文件。	项目
630102	处置非流动资产利得	损益	指处置固定资产、无形资产等非流动性资产发生的净收益。	—	项目
630103	抵债资产变现净收入	损益	指用以抵偿债务的资产变现后所得的净收入。	—	项目
630104	罚款收入	损益	指收到对方违反国家有关行政管理法规，按规定支付给公司的罚款收入，不包含银行罚息。	—	项目
630105	盘盈利得	损益	指企业对现金等资产清查盘点时发生盘盈，报经批准后计入营业外收入的金额。	—	项目
630106	债务重组利得	损益	债务重组中因债权人对债务人做出让步而产生的利得，指重组债务的账面价值超过清偿债务的现金、非现金资产的公允价值、所转股份的公允价值，或重组后债务账面价值之间的差额。	—	项目
630107	其他营业外收入	损益	除了以上项目以外的营业外收入。	—	项目

续表

常用会计科目表（新会计准则）					
6401	主营业务成本	损益	指企业销售商品、提供劳务等经常性活动所发生的成本。	—	项目、部门
640101	商品销售成本	损益	指已销售产品的生产成本或已提供劳务的劳务成本以及其他销售的业务成本。	—	项目、部门
640102	服务成本	损益	提供其他服务所产生的成本。	—	项目、部门
6402	其他业务成本	损益	为核算企业除主营业务活动以外的其他经营活动所发生的成本。	—	项目、部门
6403	营业税金及附加	损益	反映企业经营主要业务应负担的营业税、消费税、城市维护建设税、资源税和教育费附加等。	—	—
6601	销售费用	损益	指企业在销售产品、自制半成品和提供劳务等过程中发生的各项销售费用。	—	项目、部门、员工
660101	工资	损益	指销售部门受雇人员全部工资。包括工资、加班费、奖金、津贴等。	基本工资、奖金及绩效以及临时工资需提供对应的工资汇总表；提供对应的奖金汇总表。	项目、部门
660102	职工福利费	损益	指支付员工的保健、生活、住房、交通等各项补贴和非货币性福利，包括外地就医、冬季取暖费、防暑降温费、困难职工补助救济、职工食堂经费补贴以及丧葬补助、抚恤费、安家费、探亲路费等。	—	项目、部门

续表

常用会计科目表（新会计准则）					
660103	社会保险	损益	由企业为职工承担的医疗保险、养老保险、生育保险、工伤保险、失业保险。	基本工资、奖金及绩效以及临时工资需提供对应的工资汇总表；提供对应的奖金汇总表。	项目、部门
660104	住房公积金	损益	指国家机关、国有企业、城镇集体企业、外商投资企业、城镇私营企业及其他城镇企业、事业单位、民办非企业单位、社会团体及在职职工缴存的长期住房储金。	基本工资、奖金及绩效以及临时二资需提供对应的工资汇总表；提供对应的奖金汇总表。	项目、部门
660105	折旧费	损益	指在销售部门固定资产使用寿命内，按照确定的会计方法对资产进行的价值分摊。	折旧明细表	部门
660106	修理费	损益	指本部门发生的除车辆之外的“固定资产”修理维护费。	发票等相关附件。	部门
660107	车辆费	损益	指营业部门使用车辆所发生的一切费用，包括：汽油费、过桥过路费、修理装饰费、车队用车费与其他相关的开支。其中“车队用车费”指集团内部或企业内部统一车辆核算而分摊的应由本部门承担的用车费用。	发票等相关附件。	项目、部门、员工
660108	办公费	损益	用于记录管理部门日常办公所发生的费用，包括办公用品费，印制办公表格、订阅报纸杂志等费用支出。	发票等相关附件。	部门
660109	差旅费	损益	公司员工因公到外地出差的差旅费用，包含往返交通费、订票费、退票费、市内交通费、住宿费、出差补助等。	原始发票等相关附件。	项目、部门、员工

续表

常用会计科目表（新会计准则）					
660110	交通费	损益	公司员工因公在市内出差发生的市内交通费用。	发票等相关附件。	项目、部门、员工
660111	电话费	损益	办公职场固定电话发生的电话费用，包括电话安装费、月租金、通话花费、传真费等。	发票。	项目、部门、员工
660112	维护修理费	损益	职场装修部件的维修，办公设备、电脑等修理，办公器材的检修，灭火器械年检等费用支出。	盖章的明细清单、发票、合同协议，等。	部门
660113	会议费	损益	公司举办的各种会议所发生的直接相关费用，如会议场租费、会议文件用品费、会议杂费、会议劳务费、会议住宿费、餐费等。	原始发票、费用明细清单（发票如果已经分行列示，可以不需要清单）、会议通知、会议日程、会议签到表等。	项目、部门、员工
660114	业务招待费	损益	与业务经营活动直接相关、必要的招待费用，如餐费、酒水、礼品等。	发票、招待费明细表等。	项目、部门、员工
660115	培训费	损益	由部门发起的团体培训、公司委派的培训、为公司所用的员工个人培训报销等。	培训通知、发票，如有外部合同，可提供培训合同。	项目、部门、员工
660116	服务费	损益	企业在销售产品、自制半成品和提供劳务等过程中所产生的服务费用。	—	项目、部门
660117	促销费	损益	实施促销活动而发生的费用，包括：促销人员工资、促销用具、促销进场费用、促销品、促销宣传单页、超市产品介绍、促销场地租金等与促销活动相关的一切费用。	—	项目、部门

续表

常用会计科目表（新会计准则）					
660118	销售服务费(业务提成／佣金)	损益	指直接按销售额或生效合同额的一定比例支付给销售人员的业务包干酬金或支付销售人员的业务费用。	合同。	项目、部门、员工
660119	广告费	损益	指为宣传公司产品或品牌，而通过各种媒体所支付的费用。具体包括：电视广告费、平面广告费、其他类型广告的费用。其中“平面广告费”包括霓虹灯、户外灯箱、纸质报纸杂志广告费。	广告费发票、广告合同、广告发布证明（例如媒体发布广告的复印件、户外广告的照片等）。	项目、部门
660120	售后服务费	损益	指产品售出后，为履行合同约定的明确的售后条款内容应发生的一切费用。	合同；商品售出时所开具的发票	项目、部门
660121	运输费	损益	为销售货物而发生的产品运输费用。	运输发票。	项目、部门
660122	运杂费	损益	为销售产品而发生的装卸费、力资费、整理费等劳务费	装卸明细及装卸工本人签名。	项目、部门、员工
660123	其他业务销售费用	损益	以上科目以外的销售费用。	—	部门
6602	管理费用	损益	指企业行政管理部门为组织和管理生产经营活动而发生的各项费用。	—	项目、部门、员工
660201	应付职工工资	损益	在职职工的基本工资，以及包含在工资中发放的津贴、奖金等。	基本工资、奖金及绩效以及临时工资需提供对应的工资汇总表；提供对应的奖金汇总表。	项目、部门

续表

常用会计科目表（新会计准则）					
660202	职工福利费	损益	指支付员工的保健、生活、住房、交通等各项补贴和非货币性福利，包括外地就医、冬季取暖费、防暑降温费、困难职工补助救济、职工食堂经费补贴以及丧葬补助、抚恤费、安家费、探亲路费。	—	项目、部门
660203	社会保险	损益	由企业为职工承担的医疗保险、养老保险、生育保险、工伤保险、失业保险。	基本工资、奖金及绩效以及临时工资需提供对应的工资汇总表；提供对应的奖金汇总表。	项目、部门
660204	住房公积金	损益	指国家机关、国有企业、城镇集体企业、外商投资企业、城镇私营企业及其他城镇企业、事业单位、民办非企业单位、社会团体及在职职工缴存的长期住房储金。	基本工资、奖金及绩效以及临时工资需提供对应的工资汇总表；提供对应的奖金汇总表。	项目、部门
660205	办公费	损益	用于记录管理部门日常办公所发生的费用，包括办公用品费，印制办公表格、订阅报纸杂志等费用支出。	发票等相关附件。	部门
660206	水电费	损益	公司办公职场发生的水电费。	发票（物业代收应提供符合当地税务要求的原始入账凭证）。	部门
660207	差旅费	损益	公司员工因公到外地出差的差旅费用，包含往返交通费、订票费、退票费、市内交通费、住宿费、出差补助等。	出差的费用明细、原始发票等相关附件。	项目、部门、员工

续表

常用会计科目表（新会计准则）					
660208	交通费	损益	公司员工因公在市内出差发生的市内交通费用。	发票等相关附件。	项目、部门、员工
660209	车辆费	损益	包括：汽油费、过桥过路费、修理装饰费、其他相关的开支。	发票等相关附件。	项目、部门、员工
660210	电话费	损益	办公职场固定电话发生的电话费用，包括电话安装费、月租金、通话花费、传真费等。	发票等相关附件。	部门
660211	租赁费	损益	向租赁单位租入的与经营活动直接或间接相关的大型办公设备等的租赁费用支出。	租赁发票、合同及部门分摊费用明细表签字版。	部门
660212	物业管理费	损益	依据物业管理服务合同应当付出的费用。	原始发票；合同	部门
660213	维护修理费	损益	职场装修部件的维修，办公设备、电脑等修理，办公器材的检修，灭火器械年检等费用支出。	盖章的明细清单、发票、合同协议，等。	部门
660214	会议费	损益	公司发起举办的各种会议所发生的直接相关费用，如会议场租费、会议文件用品费、会议杂费、会议劳务费、会议住宿费、餐费等。	原始发票、费用明细清单（发票如果已经分行列示，可以不需要清单）、会议通知、会议日程、会议签到表等。	项目、部门
660215	业务招待费	损益	与业务经营活动直接相关、必要的招待费用，如餐费、酒水、礼品等。	发票、招待费明细表等。	项目、部门、员工
660216	培训费	损益	由部门发起的团体培训、公司委派的培训、为公司所用的员工个人培训报销等。	培训通知、发票，如有外部合同，可提供培训合同。	项目、部门

续表

常用会计科目表（新会计准则）					
660217	中介费	损益	公司聘请各类咨询机构或个人顾问的费用。	原始发票、咨询合同或协议（如有）。	项目、部门
660218	固定资产折旧	损益	指固定资产使用寿命内，按照确定的会计方法对资产进行的价值分摊。入账后次月开始计提固定资产折旧。	固定资产折旧明细表。	部门
660219	无形资产摊销费	损益	土地使用权、外购软件、开发软件等无形资产摊销的费用。	无形资产摊销明细表。	部门
660220	长期待摊费用摊销	损益	开办费、大额职场装修费等金额较大不能一次性结转费用的支出项目。	发票。	项目、部门
660221	残保金	损益	根据地方有关法规的规定，企业按照年度差额人数和上年度本地区职工年平均工资计算交纳用于残疾人就业的专项资金。	缴纳凭证。	—
660222	税费	损益	指国家机关向有关当事人提供某种特定劳务或服务，按规定收取的一种费用。包括：企业按照规定支付的房产税、车船使用税、土地使用税、印花税等。	缴纳凭证。	—
660223	审计费	损益	指企业聘请中国注册会计师进行查账验资以及进行资产评估等发生的各项费用。	合同；发票	部门
660224	诉讼费	损益	指企业因起诉或者应诉而发生的各项费用。	合同；发票	部门
660225	劳务费	损益	个人独立从事各种非雇佣的劳动所取得的收益。	劳务费用明细表。	部门
660226	招聘费	损益	招聘费、猎头服务费、员工推荐奖励费用等支出。	发票、合同。	部门

续表

常用会计科目表（新会计准则）					
660227	其他业务管理费用	损益	以上科目以外的管理费用。	发票、合同。	项目、部门
6603	财务费用	损益	指企业在生产经营过程中为筹集资金而发生的筹资费用。	—	—
660301	利息收入	损益	存款利息收入。	银行回单。	—
660302	利息支出	损益	贷款利息支出及其他筹资方式下支付利息支出。	合同。	—
660303	汇兑损益	损益	企业在发生外币交易、兑换业务和期末账户调整及外币报表换算时，由于采用不同货币，或同一货币不同比价的汇率核算时产生的、按记账本位币折算的差额。	—	—
660304	票据贴现利息	损益	在票据贴现中，企业付给银行的利息称为贴现利息。	—	—
660305	现金折扣	损益	为敦促顾客尽早付清货款而提供的一种价格优惠。	合同及银行回单。	—
660306	手续费	损益	各种银行收支业务产生的手续费。	银行回单。	—
660307	账户管理费	损益	指根据管理需要和信息使用者的具体要求，对会计要素的内容进行科学分类的再分类，对账户拥有者所收取的费用。	银行回单。	—
660308	其他	损益	以上科目以外的财务费用。	—	—
6604	研发费用	损益	指企业在研发产品、技术等过程中不满足资本化条件产生的各项费用。	—	项目、部门、员工

续表

常用会计科目表（新会计准则）					
660401	工资	损益	研发人员、在职职工的基本工资，以及包含在工资中发放的津贴、奖金等。	基本工资、奖金及绩效以及临时工资需提供对应的工资汇总表；提供对应的奖金汇总表。	项目、部门、员工
660402	社会保险	损益	由企业为研发人员承担的医疗保险、养老保险、生育保险、工伤保险、失业保险。	基本工资、奖金及绩效以及临时工资需提供对应的工资汇总表；提供对应的奖金汇总表。	项目、部门、员工
660403	住房公积金	损益	指国家机关、国有企业、城镇集体企业、外商投资企业、城镇私营企业及其他城镇企业、事业单位、民办非企业单位、社会团体及在职职工缴存的长期住房储金。	基本工资、奖金及绩效以及临时工资需提供对应的工资汇总表；提供对应的奖金汇总表。	项目、部门、员工
660404	办公费	损益	用于记录研发人员日常办公所发生的费用，包括办公用品费、印制办公表格、订阅报纸杂志等费用支出。	—	部门
660405	差旅费	损益	研发人员因公到外地出差的差旅费用，包含往返交通费、订票费、退票费、市内交通费、住宿费、出差补助等。	原始发票等相关附件。	项目、部门、员工
660406	交通费	损益	研发人员因公在市内出差发生的市内交通费用。	发票等相关附件。	项目、部门、员工
660407	电话费	损益	研发人员的固定电话发生的电话费用，包括电话安装费、月租金、通话花费、传真费等。	发票。	部门

续表

常用会计科目表（新会计准则）					
660408	租赁费	损益	因研发活动向租赁单位租入的与经营活动直接或间接相关的大型办公设备等的租赁费用支出。	租赁发票、合同及部门分摊费用明细表签字版。	部门
660409	维护修理费	损益	因研发活动，职场装修部件的维修，办公设备、电脑等修理，办公器材的检修，灭火器械年检等费用支出。	盖章的明细清单、发票、合同协议，等。	部门
660410	会议费	损益	公司发起举办的各种会议所发生的直接相关费用，如会议场租费、会议文件用品费、会议杂费、会议劳务费、会议住宿费、餐费等。	原始发票、费用明细清单（发票如果已经分行列示，可以不需要清单）、会议通知、会议日程、会议签到表等。	项目、部门、员工
660411	业务招待费	损益	与研发活动直接相关、必要的招待费用，如餐费、酒水、礼品等。	发票、招待费明细表等。	项目、部门、员工
660412	培训费	损益	由研发部门发起的团体培训、公司委派的培训、为公司所用的员工个人培训报销等。	培训通知、发票，如有外部合同，可提供培训合同。	项目、部门、员工
660413	固定资产折旧	损益	由研发部门使用的固定资产在使用寿命内，按照确定的会计方法对资产进行的价值分摊。入账后次月开始计提固定资产折旧。	固定资产折旧明细表。	部门
660414	无形资产摊销费	损益	由研发部门使用的土地使用权、外购软件、开发软件等无形资产摊销的费用。	无形资产摊销明细表。	部门
660415	技术服务费	损益	与研发活动有关的，包括卖方提供的技术指导和买方人员的技术培训费用。	—	项目、部门、员工

续表

常用会计科目表（新会计准则）					
660416	其他	损益	以上科目以外的研发费用。	—	项目、部门、员工
6701	资产减值损失	损益	指因资产的账面价值高于其可收回金额而造成的损失。	—	项目
6711	营业外支出	损益	营业外支出是企业发生的与其日常活动无直接关系的各项损失，主要包括非流动资产处置损失、公益性捐赠支出、盘亏损失、非常损失、罚款支出等。	—	项目
671101	非流动资产处置净损失	损益	处置固定资产、无形资产等非流动性资产发生损失的净额。	原始发票、银行回单及相关附件（如合同）	项目
671102	非货币性资产交换损失	损益	交易双方在以存货、固定资产、无形资产和长期股权投资等非货币性资产进行交换的过程中发生的净损失。	—	项目
671103	债务重组损失	损益	债务重组中债务人让步发生的损失。	—	项目
671104	盘亏损失	损益	财产清查中盘亏的各项物资损失（盘亏资产的账面价值和相关税费之和扣除责任人、保险公司赔款之后的净额）	—	项目
671105	罚款支出	损益	指企业支付的行政罚款、税务罚款，以及其他违反法律法规、合同协议等而支付的罚款、违约金、赔偿金等支出。	—	项目

续表

常用会计科目表（新会计准则）					
671106	捐赠支出	损益	对外的各种公益性捐赠和赞助支出。	—	项目
671107	其他损失	损益	除以上之外的营业外支出。	—	项目
6801	所得税费用	损益	指企业经营利润应交纳的所得税。	—	—
680101	当期所得税费用	损益	指企业按照税法规定计算确定的针对当期发生的交易和事项，应交纳给税务部门的所得税金额，即应交所得税。	资产负债表日，企业按照税法计算确定的当期应交所得税金额。	—
680102	递延所得税费用	损益	资产负债表日，根据递延所得税资产的应有余额大于“递延所得税资产”科目余额的差额，借记“递延所得税资产”科目，贷记本科目（递延所得税费用）、“资本公积—其他资本公积”等科目；递延所得税资产的应有余额小于“递延所得税资产”科目余额的差额做相反的会计分录。 企业应予确认的递延所得税负债，应当比照上述原则调整本科目、“递延所得税负债”科目及有关科目。	—	—
6901	以前年度损益调整	损益	核算企业本年度发生的调整以前年度损益的事项以及本年度发现的重要前期差错更正涉及调整以前年度损益的事项；核算企业在资产负债表日至财务报告批准报出日之间发生的需要调整报告年度损益的事项。	发现的重要前期差错凭证复印件及相关文件；企业在资产负债表日至财务报告批准报出日之间发生的需要调整报告年度损益的相关资料。	—

第三章　原始凭证

原始凭证是用来记录或证明经济业务的发生或完成情况的文字凭据。它可以明确经济责任，是进行会计核算工作的原始资料和重要依据，是会计资料中最具有法律效力的一种文件。

原始凭证

原始凭证大多是由经办人员根据已经发生或完成的经济业务填制的，原始凭证是经济业务发生时的原始证明，也是填制记账凭证的依据。

财务核算的直接依据是各种原始凭证，原始凭证获取的合法性、内容及形式的合规性等尤为重要，直接决定了会计核算、财务报表及各项财务报告内容的真实性与准确性。只有在各项业务发生真实、原始凭证获取方式合法合规，并满足财税等相关法律法规中各项具体要求的情况下才能作为原始的入账凭证和财务核算的原始依据，才能保证财务核算的真实性和准确性以及财务信息的高质量。

原始凭证即各种单据，是在各项经济业务发生或完成时取得或填制的，用来记录或证明经济业务的发生或完成情况的文字凭据。它不仅能用来记录各项经济业务发生或完成情况，还可以明确经济责任，是进行会计核算工作的原始资料和重要依据，也是会计资料中最具有法律效力的一种文件。

1. 原始凭证按获取来源可主要分为外来原始凭证和自制原始凭证：

（1）外来原始凭证，是跟其他单位发生经济往来事项时，从外单位取得的原始凭证。如发票、发货清单、飞机和火车的票据、银行收付款通知单。

（2）自制原始凭证，是在经济业务事项发生或完成时，由本单位内部经办部门或人员填制的凭证及财务人员自己制作的有效原始凭证。如收料单、领料单、开工单、成本计算单、出库单、折旧计提表、坏账计提表等。

2. 无论是从外部取得的原始凭证还是自制的原始凭证，都需要注意以下事项：

（1）原始凭证名称需完整，如报销单最上面应能清晰可见“报销单”字样。

（2）填制凭证的日期，以标明报送财务的时间或业务发生的时间。

（3）填制凭证单位名称或者填制人姓名，以表明由谁经办且在哪个公司处理，尤其是多家公司一起办公的，必须填写清楚单位名称。

（4）取得的外部凭证要有接受凭证单位的名称，且名称要准确，无涂改。

（5）填制具体的数量、计量单位、单价和金额，且金额大小写必须一致。

（6）经办业务的内容，即通常作为审核判断标准的摘要，一定要言简意赅清晰明确。

（7）各级业务领导的审批、审批日期。

（8）财务领导的审核确认。

第四章　财务工作交接

财务人员由于新入职、调岗、离职等原因，经常会涉及工作交接的问题。如果交接环节出了问题，不仅不利于新接手人员快速进入工作角色，而且不利于各项工作的顺利开展。特别是一些特殊岗位和重要职位，由于交接不清楚，或者漏交接部分工作，甚至没有交接，轻则会影响工作的顺利进行，重则会给公司造成损失。所以财务人员的交接工作尤为重要，我们根据从业经验和经历，为广大财务人员列举出了财务交接工作的主要交接内容、交接工作流程等，希望对大家的工作有所助益。

六字交接：权、钱、账、税、物、人

交接时一定要注意，不要怕麻烦，涉及方方面面一定要核实。移交人离职前，必须将本人经管的会计工作，在规定的期限内，全部向接管人移交清楚。接管人应认真按照移交清册逐项点收。

1. 权力交接

人员离职或调转，在工作交接中，相关岗位权力的交接尤为重要，为保证原在岗人员的权力顺利转移到新接手人员，需要做到但不限于：

①移交人现有的岗位审批权限撤销或限制。

②移交人相关财务等系统的权限的禁止。

③新接手人岗位审核权限的清点。

④新接手人员相关财务等系统权限的开通。

2. 钱款交接

主要涉及出纳工作交接：

①总体出纳工作流程。

②印章、印鉴；开户许可证、机构信用代码证、存款查询密码。

③清点现金（与现金日记账核对一致）、往期现金盘点表。

④支票登记簿，清点核对空白银行支票、未到期的银行承兑汇票数量（若有，并与会计登记的应收票据明细账核对相符）。

⑤银行账户的交接：基本户凭密码打印“已开立账户清单”。基本户、一般户、个人户、银行卡等操作员账号、U盾密码以及交接当日账户余额（与银行日记账余额核对相符）；变更银行联系人。

⑥原始单据的交接：如借条、发票、合同、空白收据、房租押金收据等。

⑦未入账的收付款记账凭证。

⑧现金日记账与银行日记账。

⑨所有涉及银行账户的其他资料及出纳工作的其他资料，如历史开、销户，变更资料等。

3. 账项交接

主要涉及会计工作的交接：

①总体工作内容（如财务系统的使用、日常工作流程）。

②各类明细账。

③往来账的交接：核对辅助余额表，了解未清往来明细，对经过领导同意后的死账进行坏账处理。

④总账的交接：与日记账、明细账余额核对相符。

⑤对于有的公司存在内外账的情况，做到账账相符。

⑥特别需要交代的或未决事项。

⑦往期全套财务报表、固定资产盘点表等。

4. 税务交接

主要涉及税务会计或税务工作：

①税务登记证、发票专用章等证件印章资料。

②税务事项通知书、一般纳税人资质审批表、税种认定表、发票审批表等相关税务文件。

③税控设备（金税盘、报税盘）。

④国税、地税的纳税申报密码（“法人一证通”及相关密码）。

⑤所属国地税管辖所、办事所及专管员联系方式；变更税务联系人。

⑥历年历次国税、地税的纳税申报表（纸质 / 电子）。

⑦了解每月申报税种税率。

⑧当期尚未抵扣认证的进项税额发票；了解抵扣认证进项发票的方法（如勾选认证、现场认证、扫描认证）。

⑨核对剩余空白发票数量（专票、普票）。

⑩历年税审报告及其相关资料。

⑪关于税务稽查。

⑫其他涉税注意事项提醒。

5. 物品交接

物，主要指的是与办公有关的相关物品。

①会计日常用的办公用品：电脑、打印机、装订机、计算器、纸张、笔、文具。

②会计档案：以前年度的凭证、账目、报表、合同。

③财务软件、财务数据、电子表格以及相关密码。

④有关印鉴的交接。

⑤相关资质、证件的交接。

6. 人事交接

财务工作交接中，人事关系的交接为其中的一个重要环节，和该岗位相关的所有人事关系及人员的联系方式等信息都需要逐一交接清楚，以便新接手人员能快速了解相关的工作内容，并接手相关工作。

一般涉及的部门主要有：

①人力资源部，可能涉及工资社保等具体业务。

②管理层，可能涉及权限审批、信息抄报送等。

③行政部门与资产管理部门，涉及办公物品领取、特殊费用报销、固定资产领用等。

④采购部门，涉及物资采购、发票提供等。

⑤销售部门，涉及销售数据统计、具体业务沟通等。

⑥仓库部门，涉及存货保管等。

⑦其他相关部门。

小贴士

双方交接完毕后一定要有交接清单，一式三份，至少三人签字确认：交接人、接手人、监交领导。

即便双方已经交接完毕，遇到财务问题时也要随时沟通！

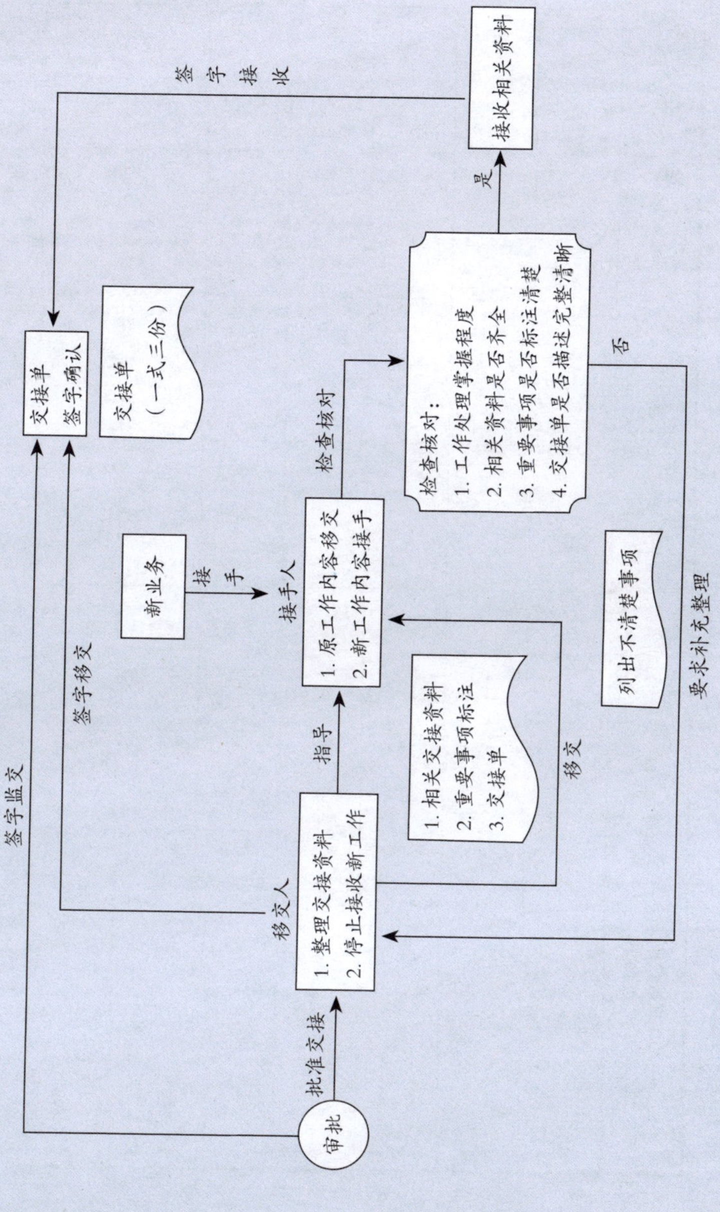
审批
批准交接
签字监交
移交人
1. 整理交接资料
2. 停止接收新工作
签字移交
指导
移交
1. 相关交接资料
2. 重要事项标注
3. 交接单
新业务
接手
接手人
1. 原工作内容移交
2. 新工作内容接手
检查核对
检查核对：
1. 工作处理掌握程度
2. 相关资料是否齐全
3. 重要事项是否标注清楚
4. 交接单是否描述完整清晰
是
否
接收相关资料
签字接收
交接单
签字确认
交接单
（一式三份）
列出不清楚事项
要求补充整理

《人员关系交接清单》（表 1）

序号	谁提供资料 / 数据给我	地点、联系电话	邮箱	资料名称	提供时间	涉及账套 / 公司	数据来源

《人员关系交接清单》（表 2）

序号	我提供资料给谁	地点、联系电话	邮箱	资料名称	提供时间	涉及账套 / 公司	数据来源	结账时间	备注
	张三（含职位）								收件人
	李四（含职位）								抄送人 1
									抄送人 2

第五章　公司设立流程

设立公司，应当依法向公司登记机关申请设立登记。符合本法规定的设立条件的，由公司登记机关分别登记为有限责任公司或者股份有限公司；不符合本法规定的设立条件的，不得登记为有限责任公司或者股份有限公司。本章会对公司的设立流程进行详解。

2016 年公司设立基本流程（以在北京市设立的一般公司为例）

一、工商登记注册（领取“三证合一”的营业执照）

目前，公司注册资本实缴制已改为注册资本认缴制，降低了注册公司的门槛。可在网上自行注册，按照流程填写自行提交，待审核通过后，打印纸质材料到工商局办理。

1. 网上办理

登录 http://www.baic.gov.cn/，点击“办照指南”“登记注册网上办理”，跳转至北京工商登记申请服务平台进入办理流程。

流程可参照如下：

（1）名称预先核准

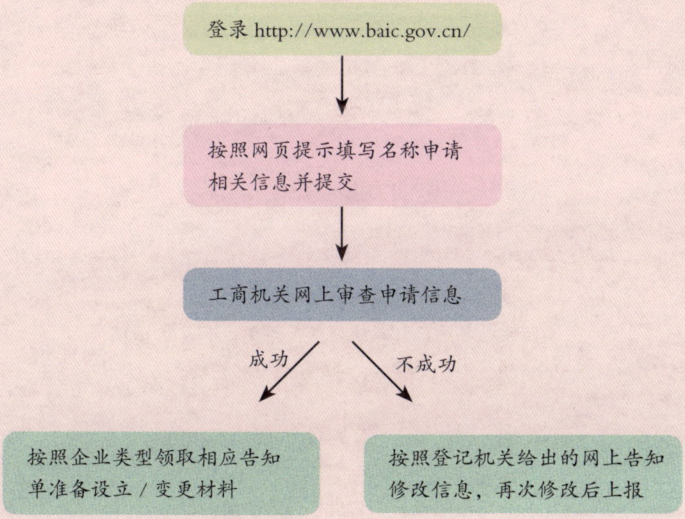

网上办理名称核准流程

（2）工商执照的申领

登录 http://www.baic.gov.cn/，点击“网上登记”模块，注册用户后按照网站指导逐步填写并提交资料，通过审批后领取营业执照。

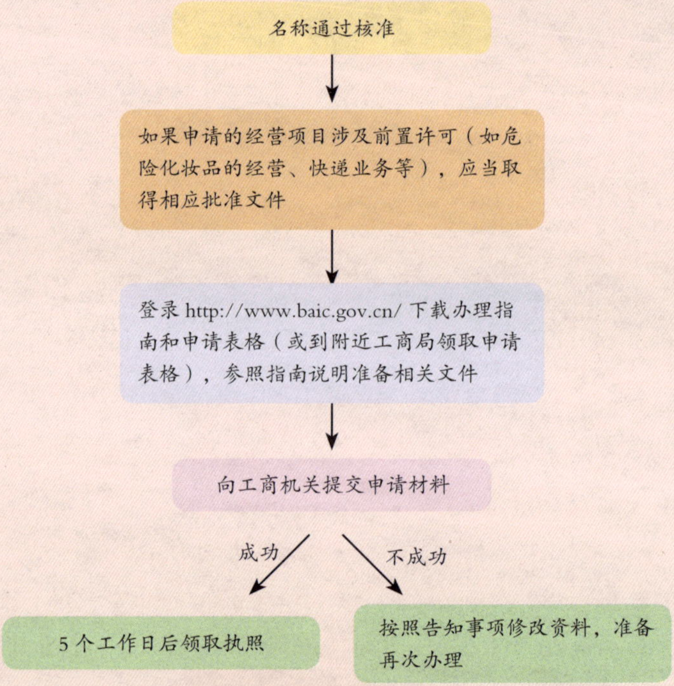

办理执照的主要步骤

2. 现场办理

（1）名称核准：提前准备好公司备选名称，到工商局领取“企业名称预先核准申请书”，填写公司名称，由工商局审查通过后，核发“企业名称预先核准通知书”（预先核准的名称有效期为6个月，有限期满失效，可在届满日期前向名称核准机关申请一次名称延期）。

（2）若申请的经营范围涉及前置许可的经营项目，需先取得相应的批准文件再办理后续业务。

（3）登录 http://www.baic.gov.cn/ 下载办理指南和申请表格（或到附近工商局领取公司设立登记所需的各种表格），包括设立登记申请表、股东(发起人)名单、董事经理监理情况、法人代表登记表、指定代表或委托代理人登记表。填好后，连同核名通知、公司章程、房租合同、房产证复印件等资料一起交给工商局。约5个工作日后领取营业执照。

领取营业执照后，凭营业执照原件、公安局刻制印章通知书到公安局指定的刻章公司，刻制：公章、财务章、法人章、发票章、合同章。

企业登记开业后应登录“全国企业信用信息公示系统”http://gsxt.saic.gov.cn/ 及时公示公司开立信息。

办理执照需要准备的材料

序号	材料	提示
1	《内资公司设立登记申请书》	由法定代表人亲笔签署。（其他填写要求请详见申请书上的说明提示）
2	公司章程	全体股东共同签署，其中自然人股东亲笔签字，法人股东加盖公章。
3	《企业名称预先核准通知书》	通过北京市工商局网站网上申办名称预先登记的，可以不领取纸质《企业名称预先核准通知书》。
4	股东资格证明	自然人股东提交身份证复印件，企业法人股东提交加盖公章的营业执照复印件。（其他类别股东资格证明的提交方式请参见《投资办照通用指南及风险提示》中“如何准备投资人（股东）资格证明文件”的详细说明）
5	《指定（委托）书》	应由全体股东共同签署。
6	住所使用证明	产权人签字或盖章的房产证复印件。产权人为自然人的应亲笔签字，产权人为单位的应加盖公章。
7	许可项目审批文件	仅限经营项目涉及前置许可的，如危险化学品经营、快递业务等。
8	《补充信息登记表》	

二、银行开立基本户

一个企业只能开立一个基本存款账户，企业的工资、资金等现金的支出，只能通过基本存款账户办理。

凭营业执照正本原件、法人身份证原件、经办人身份证原件、公章、财务章、法人人名章、公司章程、房租协议等去附近的银行预约开立基本账户。

基本户开户周期大概一个月，取得开户许可证、机构信用代码证及银行预留印鉴卡片。

若有需要，开户之后需办理 U 盾及开通网银查询、转款、代发工资等业务。

三、办理税务报到

新设立的企业或是变更迁入的企业取得企业法人营业执照后按照报到单上面的时间到税务局进行税务报到。

领取营业执照后，30日内携带营业执照原件、法人身份证原件、开户许可证原件、机构信用代码证原件、公章、办税人身份证原件到所属税务局（国税+地税）税务报到，进行税种核定；领取“银行实时缴税三方协议”；地税申领报税用的“法人一证通证书”。

持“三方协议”至开户行柜台办理完毕之后，将回执联交回税务局。

四、申请领购税控器、发票

办理完发票领购申请确认后，可依据签字盖章后的《领购普通发票（国标机打发票）申请确认表》中的内容认购税控装置。

若公司有开票需要，需在税务报到之后，至所属国税局申请票种核定、发票数量核定。之后携带办理通知单到税控服务商处购买安装税控器。

购票人持身份证、发票专用章、营业执照副本原件、税控盘至办税大厅实名购买发票。

第六章　公司注销流程

当一个公司宣告破产，或者被其他公司收购，公司章程规定营业期限届满，公司内部分立解散，或者由于一些业务经营方式不规范被依法责令关闭时，公司可以申请注销。目前，公司注销流程也逐渐趋于简化。

一、清算报告

清算组织完成清算，要对申请注销登记单位的资产、负债情况进行全面计算，然后整理书面报告，即清算报告。申请注销登记时必须提交清算报告。

清算是公司注销登记的第一步。

1. 清算流程

①成立清算组，并办理备案。

②清算公司财产、制订清算方案。

③通知、公告债权人。

④债权申报及登记。

⑤清理公司债权、债务。

⑥分配公司剩余财产。

⑦编制清算报告并确认。

2. 清算报告

公司清算结束后，清算组应当制作清算报告，报股东会、股东大会或者人民法院确认；清算报告至少应包括以下内容：

a. 债权债务已清理完毕。

b. 各项税款、职工工资已经结清。

c. 已发布注销公告。

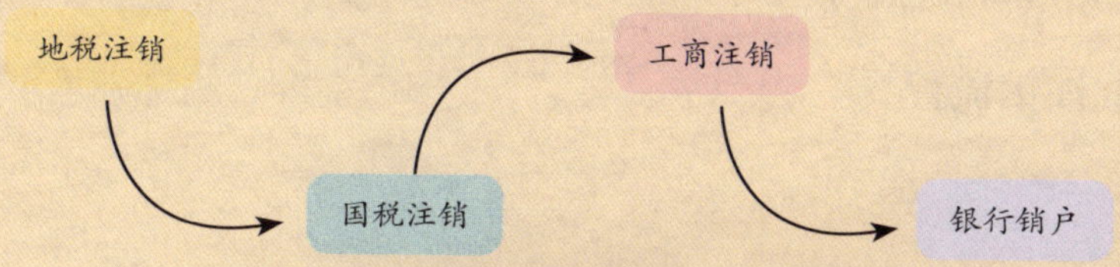

公司注销流程

二、地税注销

向主管税务机关申请办理地税注销登记，在未领到注销地税登记通知单前务必按期申报纳税。

1. 注销流程

（见 P209）

2. 所需资料

①法人身份证复印件。

②委托授权书（法人签字、盖公章）。

③总公司股东决议（盖总公司公章，法人及股东签字）——关于决定注销分公司的。

④银行开户许可证。

⑤银行流水。

3. 注销周期

根据地税局要求准备资料，提交资料至指定的注销办理地税所，20 个工作日内审核资料，给出答复及处理意见。

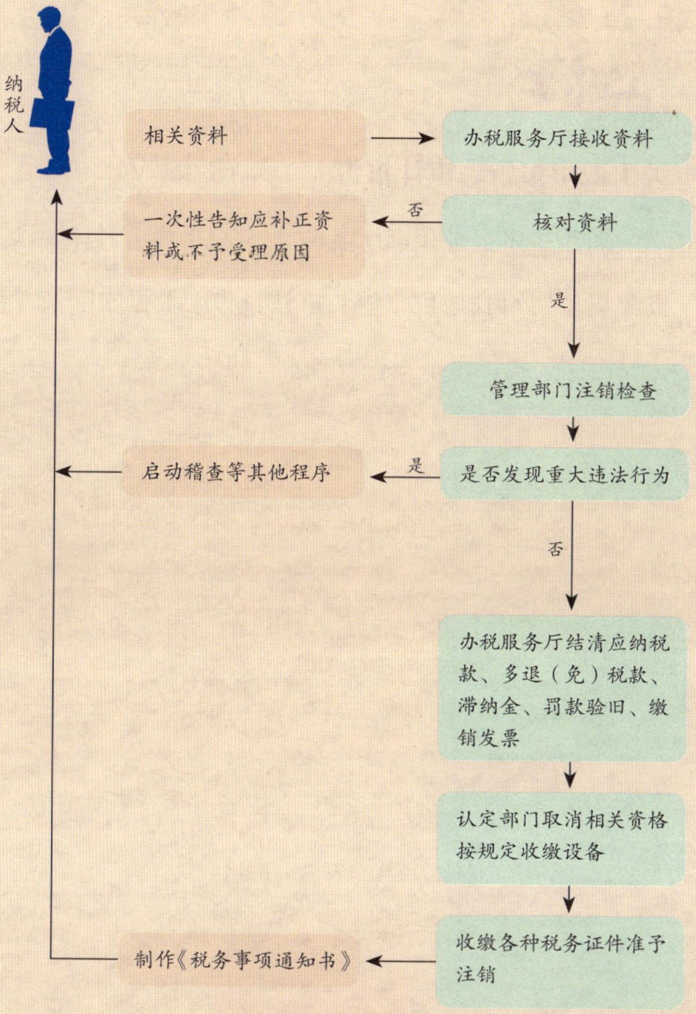
纳税人
相关资料
办税服务厅接收资料
核对资料
否
一次性告知应补正资料或不予受理原因
是
管理部门注销检查
是否发现重大违法行为
是
启动稽查等其他程序
否
办税服务厅结清应纳税款、多退（免）税款、滞纳金、罚款验旧、缴销发票
认定部门取消相关资格按规定收缴设备
收缴各种税务证件准予注销
制作《税务事项通知书》

地税注销流程

小贴士

关于税审报告、审计报告

对于税审报告和审计报告,目前税务没有具体要求,需先提供资料到地税审核,审核过程中根据实际情况决定是否需要提供税审报告或者审计报告。

三、国税注销

同地税注销相同，在未领到注销国税登记通知单前务必按期申报纳税。

1. 注销流程

同地税注销流程。

2. 所需资料

①《注销税务登记申请审批表》，三证合一户填写《清税申报表》（填写完整，按要求到税务机关签字盖章）。

②《税务登记证》正、副本原件或复印件（三证合一户没有此项）。

③上级主管部门批复文件或董事会决议或股东会决议，有各股东签字的原件、复印件一式一份（原件核实后退还申请人）。

④营业执照复印件，如果营业执照被吊销，应提交工商行政管理部门发出的吊销决定原件、复印件一式一份（原件核实后退还申请人）。

⑤地税注销《税务事项通知书》原件，核实后返还纳税人（企业所得税在国税负责征管的纳税人需要出示）。

⑥《企业清算所得税申报表》（需要进行企业所得税清算的纳税人提供）（应提前把注销当年年报申报完毕）。

⑦《增值税发票税控系统专用设备注销发行登记表》（使用增值税发票的纳税人提供）。

⑧《税控收款机注销登记表》（使用通用机打发票纳税人提供）。

⑨《终止“实时缴税协议”申请表》。

⑩《分支机构所得税分配确认表》由总机构确认并加盖总公司公章。（分支机构由总机构汇总合并，纳税信息维护的企业提供，不用申报注销当年的年报）。

a. 分支机构独立核算的，须申报当年的年报并提供总机构同意其注销的决议或证明。

b. 分支机构无企业所得税税种的需要，提供总机构同意其注销的决议和未分配企业所得税证明。

⑪总公司注销需提供其分公司的注销证明。

3. 注销周期

根据地税局要求准备资料，提交资料至指定的注销办理地税所，20 个工作日内审核资料，给出答复及处理意见。

四、工商注销

公司在办理好地税注销、国税注销之后，要到公司主管工商局办理公司注销备案。

1. 注销流程

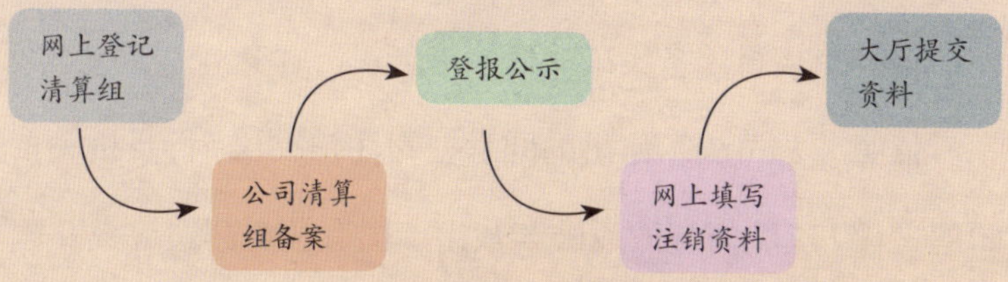

公司注销流程

2. 所需资料

（1）清算组备案资料：

a.《公司变更（改制）登记申请书（公司备案申请书）》；

b.《指定（委托）书》；

c. 加盖公司公章的《企业法人营业执照》复印件；

d. 同意公司成立清算组的股东决议（应符合章程规定的股东表决比例，需自然人股东亲笔签字，法人股东加盖公章）；

备注：有限责任公司的清算组应由股东组成。

（2）注销准备资料

a.《企业注销登记申请书》；

b. 清算组成员《备案确认通知书》；

c. 依照《公司法》作出的同意公司注销决议 / 行政机关责令关闭的文件 / 法院的解散或破产裁定（国有独资公司应提交国有资产监督管理机构决定,其中,属国务院确定的重要国有独资公司,还应当提交本级人民政府的批准文件）；

d. 股东或人民法院确认的清算报告（国有独资公司应由国有资产监督管理机构确认）。清算报告中应载明下列事项：①债权债务已清理完毕；②各项税款、职工工资已经结清；③已于 ×× 年 ×× 月 ×× 日在 ×× 报纸上发布注销公告；

e. 税务部门出具的清税证明或由税务部门出具未涉及纳税义务的证明；

f. 有分公司的应提交分公司的注销登记证明；

g.《指定（委托）书》；

h. 营业执照正副本。

备注：提交注销资料应在登报公示 45 日后办理。

3. 注销周期

2~3 个月。

五、银行注销

不同的银行账户撤销时所需要提供的材料不同，办理前需咨询清楚。

1. 注销流程

只需到银行提交资料即可。

2. 所需资料

①交回“印鉴卡片”，如有遗失，填写“遗失声明”(加盖公章)。

②交回全部剩余转账支票、业务结算申请书。

③授权委托书(农行制式，法人签字，加盖预留印鉴、公章)。

④被授权人身份证原件及复印件（加盖公章）。

⑤法人身份证原件及复印件（加盖公章）。

⑥填写“撤销银行结算账户申请书”（三联、加盖公章）。

⑦填写“重要空白凭证缴回清单”（加盖公章、预留印鉴以及人名章）“单位账户余额对账单”（加盖预留印鉴）。

⑧公章、财务章、人名章。

⑨营业执照正副本原件及复印件（加盖公章）。

⑩组织机构代码证正副本原件及复印件（加盖公章）。

⑪税务代码证正副本原件及复印件（加盖公章）。

⑫基本户开户许可证原件及复印件（加盖公章）。

⑬信用代码证原件及复印件（加盖公章）。

⑭如有三证合一情况请提供下列文件：填写“变更银行结算账户申请书”（一式三联、加盖公章）“工商局出具的三证合一证明”（加盖公章）、股东会决议、股东信息、房屋租赁合同。

备注：所有证照及身份证复印在A4纸上，所有复印件盖公章。

附：分公司注销流程

公司应当自决定作出之日起 30 日内向分公司的公司登记机关申请注销登记。公司的分公司注销登记审核程序及期限，参照公司注销登记程序。

1. 注销流程

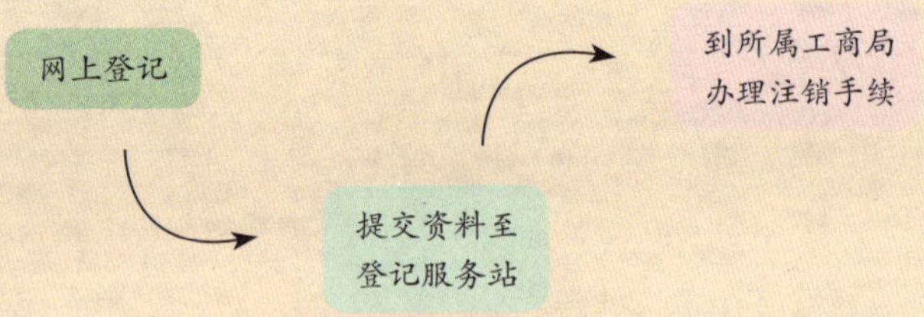

公司注销流程

2. 所需资料（分公司）

①《企业注销登记申请书》。

②《指定（委托）书》。

③分公司被依法责令关闭的，提交责令关闭的文件。

④税务部门出具的清税证明或由税务部门出具未涉纳税义务的证明。

⑤营业执照正、副本。

⑥因未参加年检被吊销营业执照的分公司申请办理注销登记，还应提交上级公司出具的对分公司债权、债务清理情况及税款完结情况的证明。

3. 注销周期（分公司）

2~3 个月。

附　录　主要参考资料

[1]企业会计准则 .

[2]许太谊 .最新企业会计准则及相关法规应用指南[M].北京：中国市场出版社，2015.

[3]财政部会计资格评价中心 .中级会计实务[M].北京：经济科学出版社，2016.

[4]中国注册会计师协会 .会计[M].北京：中国财政经济出版社，2016.

[5]全国税务师执业资格考试教材编写组 .税法一[M].北京：中国税务出版社，2015.

[6]国税局相关办事指南与文件 .

[7]地税局相关办事指南与文件 .

[8]工商局相关办事指南与文件 .